Martin Luther

Sein Leben
für Kinder erzählt von
Albert Greiner

Illustrationen von Volker Theinhardt

in Zusammenarbeit mit Françoise Greiner

Kaufmann

Inhaltsverzeichnis

Deutschland zwischen Kaiser und Papst

Mitten in Europa liegt das kleine Städtchen Eisleben. Etwa 6000 Menschen leben hier. In Eisleben wird am 10. November 1483 Martin Luther geboren. Zu jener Zeit besteht Europa aus vielen kleinen Ländern. Sie werden von Fürsten regiert: jedes Land hat seinen Fürsten. Die großen Städte verwalten sich selber. Länder und Städte gehören zum Reich des Kaisers*.

Es ist das Heilige Römische Reich Deutscher Nation. Der Kaiser ist der oberste Herr über das ganze Reich. Er führt Kriege mit seinen Feinden. Er zieht durch die Länder. Der Kaiser trifft sich mit den Fürsten und den Vertretern der freien Städte regelmäßig zum Reichstag*. Dort werden wichtige Fragen besprochen, die das ganze Reich betreffen: neue Gesetze, Steuern, Kriegszüge.

Es ist eine unruhige Zeit. Häufig ist Krieg. Sultan Suleiman versucht, mit dem Heer der Türken Europa zu erobern.

Ansteckende Krankheiten breiten sich aus. Besonders gefährlich ist die Pest. Früher hat sie die Bevölkerung ganzer Dörfer ausgerottet. Alle fürchten sich vor der Pest.

Am meisten Angst haben die Menschen vor dem Tod. Die Kirche lehrt, daß nach dem Tod das Gericht kommt. In den Büchern der Kirche steht, daß Gott ein strenger Richter ist. Er weiß genau, wer Böses tut. Er straft die Menschen für ihre Sünden mit dem Fegefeuer. Im Fegefeuer büßen die Menschen nach dem Tod für ihre Sünden.

Die Menschen in dieser Zeit fragen: Wie kann man von seinen Sünden loskommen? Wie kann man Gott gnädig stimmen? Was muß man tun, um die Angst vor dem Tod zu verlieren?

Die Kirche lehrt, daß es hilft, wenn jeder Mensch gute Werke tut:

Almosen spenden, beten und fasten.

Man sagt, am besten haben es die Mönche*. Gott hat sie besonders lieb. Sie sind Teil der Kirche.

Die Kirche ist mächtig. An ihrer Spitze steht der Papst in Rom. Er bestimmt über alles, was in der Kirche geschieht.

In dieser Zeit lebt Martin Luther.

---

* Die mit einem Sternchen versehenen Wörter sind im Wortverzeichnis genauer erklärt.

Schüler und Lehrer

Martin Luther kommt zur Welt

Es ist schon spät und eisigkalt. Die meisten Menschen in Eisleben schlafen bereits. Nur der Nachtwächter Leonhard geht noch durch die Gassen. Frierend zieht er seinen Mantel um die Schultern. „Ist das eine Kälte", brummt er. „Hoffentlich schlägt es bald elf. Ich gehe dann zur Wachstube und setze mich ans Feuer."

Leonhard setzt seinen Rundgang fort. Der Wind bläst immer stärker. Fast löscht er Leonhards Laterne aus. Der Wächter stutzt: da brennt noch ein Licht. Hat der Sturm jemanden geweckt? Leonhard geht näher zum Haus. Hinter dem kleinen Fenster bewegen sich Schatten: Eine Kerze flackert. Ein Mann beugt sich über die Wiege seines Kindes. Der Mann ist Hans Luther. Das Kind in der Wiege ist sein erstes Kind, ein Sohn. Hans sagt zu seiner Frau: „Wir wollen unseren Sohn Martin nennen. Morgen ist der Tag des Heiligen Martin. Da werden wir das Kind taufen".

Margarete, seine Frau, nickt. Sie ist müde.

Hans und Margarete Luther sind erst vor kurzer Zeit nach Eisleben gekommen. Vorher haben sie in Möhra gewohnt, einem kleinen Dorf im Thüringer Wald. Ihre Eltern sind Bauern. Hans und Margarete sind fortgezogen, weil nur *ein* Sohn den Hof übernehmen kann. Hans will als Bergmann Arbeit finden. „Bald ziehen wir von hier fort nach Mansfeld", denkt er. „Dort finde ich bestimmt Arbeit. Seit vielen Jahren suchen die Bergleute dort nach Silber, Zinn und Kupfer. Bestimmt können sie einen tüchtigen Bergmann gebrauchen.

Ich werde mir Mühe geben und fleißig arbeiten. Vielleicht kann ich später einmal selber einen Schmelzofen pachten und Metall ausschmelzen. Vielleicht verdiene ich soviel Geld, daß der kleine Martin eine gute Ausbildung erhalten kann."

Hans steht auf. Am liebsten würde er jetzt gleich in Mansfeld anfangen. Er dreht sich um zu Margarete. Sie ist eingeschlafen.

Vorsichtig bläst Hans Luther die Kerze aus. Vom Kirchturm schlägt es elf.

„Endlich", murmelt Leonhard. „Bald wäre ich erfroren." Jetzt ist es auch in Luthers Haus ganz dunkel. Kein Licht brennt mehr in Eisleben. Die ganze Stadt schläft. Beruhigt macht sich Leonhard auf den Weg zur Wachstube.

Später wird Hans Luther wirklich im Bergbau tätig. Er kann drei kleine Schmelzöfen pachten und wird einer der Vierherren von Mansfeld. Die Vierherren helfen dem Grafen von Mansfeld, die Stadt zu verwalten.

Hans und Margarete Luther bekommen in den nächsten Jahren noch weitere Kinder.

Hans verändert sich. Er wird zu einem angesehenen und wohlhabenden Bürger der Stadt Mansfeld.

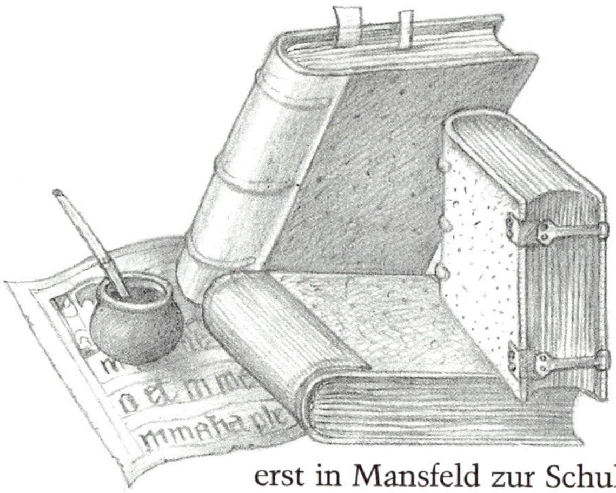

Bei Familie Cotta in Eisenach

In dieser Zeit gibt es nicht viele Schulen. In kleineren Städten und Dörfern kann man nur lesen und schreiben lernen. Wer mehr wissen will, muß von Eltern und Geschwistern weg in eine größere Stadt ziehen. Martin Luther geht erst in Mansfeld zur Schule. Es gefällt ihm nicht. Die Lehrer sind streng. Später schickt Hans Luther seinen Sohn nach Magdeburg. Dort leiten Mönche die Schule.

Ihr Unterricht gefällt Martin besser. Aber er bleibt nicht lange in Magdeburg. Bald schickt man ihn nach Eisenach. Dort wohnt er bei der Familie Cotta. Diese Leute besitzen ein schönes Haus in der Nähe des Rathauses. Konrad Cotta, der Vater, stammt aus Italien. Er ist Kaufmann und unternimmt lange Reisen. Seine Frau Ursula ist dann mit den Kindern und den Dienstboten allein. Ursula Cotta ist immer hilfsbereit und freundlich.

„Frau Ursula, Frau Ursula, schnell, gleich klopft es an die Tür. Zwei Männer kommen zu uns. Bestimmt sind es Bettelmönche. Ihre Kleider sind ganz zerlumpt, und sie sehen hungrig aus", ruft Martin.

„Lauf, Martin, bring ihnen dieses Brot an die Tür", sagt Frau Ursula zu ihm. „Ich kann unmöglich weg. Ich muß den Brief an meinen Mann fertigschreiben." Martin läuft die Treppe hinunter, und Ursula Cotta setzt sich wieder hinter ihren Brief. Sie schreibt:

„... Ich will Dir noch von Martin erzählen, lieber Konrad. Seit Du ihn zum letzten Mal gesehen hast, hat er sich verändert. Er ist jetzt ein fröhlicher Junge und tobt mit den Kindern durchs Haus. Weißt Du noch, wie leid er uns tat, als er hierherkam? Er war so still und verschüchtert. Er hatte immer Angst, etwas falsch zu machen. Martin ist jetzt sicherer geworden. Nur eines macht mir noch Sorge: Jedesmal wenn Martin den Namen Jesus hört, wird er ganz bleich. Solche Angst hat er davor. In der Kirche wird erzählt, daß uns Jesus nach dem Tode strafen wird. Es kann einem Angst machen, das ist wahr. — Martin geht jetzt gern zur Schule. Ich habe mit seinen Lehrern gesprochen. Sie sind sehr zufrieden mit ihm. In Grammatik und in Latein kommt er gut voran. Am besten gefällt es Martin bei Vikar Braun. Der lehrt ihn musizieren. Das macht ihm Freude. So kann Martin seine Angst überwinden."

Als Student in Erfurt

Erfurt ist eine berühmte Universitätsstadt. Gelehrte Männer unterrichten die Studenten, die von weither nach Erfurt kommen, um an der Universität zu studieren. Im Frühling 1501 fängt auch Martin Luther sein Studium in Erfurt an. Er zieht mit den neuen Studenten in einem langen Umzug durch die Stadt. Alle lachen und singen, alle freuen sich und lärmen. Sie tragen Tiermasken mit scharfen Zähnen, langen Ohren und Hörnern. Jeder stellt ein anderes Tier dar. Damit zeigen sie, wie roh und ungebildet sie bisher gelebt haben. Das soll sich ändern. Die Studenten in ihren Masken schreien wie Esel, sie brüllen wie Kühe und blöken wie Schafe.

Die Leute, die in der großen Kirche beten, horchen erschreckt auf. Was bedeutet dieser Lärm?

Später feiern die Studenten im Universitätsgebäude neben der Kirche ein Fest. Sie werfen ihre Tiermasken ab. Jetzt gehören sie erst richtig zu den Studenten der Universität. Sie feiern noch lange.

Auch Martin Luther ist dabei. Er wohnt in Erfurt mit anderen Studenten zusammen in einem Studentenhaus, der Burse*. Der Tag ist genau eingeteilt. Morgens stehen die Studenten früh auf. Sie lesen und lernen den ganzen Tag. Dazwi-

schen treffen sie sich zum Gebet. Bei Tisch wird aus der Bibel vorgelesen.

Martin kommt rasch voran. Er lernt zuerst die Sprache der Gelehrten. Er lernt selber Reden zu halten. Schon nach einem Jahr legt Martin die erste Prüfung darüber ab. Jetzt kennt er die schwierige Sprache, die man an der Universität spricht. Er lernt jetzt vieles über die Geheimnisse der Welt. Er lernt Musik, Geometrie, Arithmetik und Astronomie.

Nach vier Jahren besteht Martin das Magisterexamen. Er ist jetzt Lehrer und kann jüngere Studenten unterrichten. Er kann ein Studentenhaus leiten.

Martin erhält einen Fingerring und ein flaches Barett. Das erhält jeder Magister nach dem Examen. Martins Vater freut sich. Er möchte, daß Martin weiterstudiert und das Recht und die Gesetze lernt. So schreibt sich Martin bei den Rechtsgelehrten ein.

Martins Freunde feiern. Sie sitzen zusammen, trinken Wein und musizieren. Martin feiert mit, er lacht und singt. Die Freunde sagen: „Wir wollen auf deine Zukunft anstoßen, Martin. Du wirst einmal ein glänzender Rechtsgelehrter am Hofe des Fürsten. Du wirst eine reiche Frau heiraten." Alle lachen. Nur Martin wird plötzlich still. „Was hast du? Warum sagst du nichts mehr?" fragt ihn sein Freund Johannes.

„Ich weiß es selber nicht. Manchmal bin ich so traurig, daß ich gar nicht arbeiten mag. Wozu studiere ich die Gesetze? Was hat das alles für einen Sinn? Ich möchte darüber nachdenken, wozu ich lebe. Ich möchte mehr von Gott hören."

Das Gewitter

„Nein, nein, ich will nicht sterben! Zu Hilfe, der Blitz wird mich töten!" Martin schreit es laut. Dicht neben seinen Füßen schlägt der Blitz ein. „Heilige Anna, hilf mir! Der Blitz... Ich will als Mönch ins Kloster gehen, wenn Du mir hilfst. Das verspreche ich Dir."

Vor Schreck ist Martin wie gelähmt. Schaudernd sieht er sich um. ‚Ist kein Haus in der Nähe? Was geschieht, wenn mich der nächste Blitz trifft? Was geschieht, wenn ich sterbe?'

In der Ferne sieht Martin ein paar Häuser. ‚Das muß Stotternheim sein', denkt er. Schon zucken neue Blitze, und der Donner kracht. Da beginnt Martin zu laufen. Er läuft um sein Leben. Atemlos erreicht er die Häuser von Stotternheim. Vor Angst und Kälte zittert er am ganzen Leib.

‚Der Blitz! Fast hätte er mich getötet. Das ist ein Zeichen', denkt Martin. ‚Ein Zeichen von Gott. Er will, daß ich mein Leben ändere. Er will, daß ich als Mönch ins Kloster gehe. Als Mönch bin ich näher bei Gott als die andern Menschen draußen in der Welt. Gott hat mich als Mönch lieber. Ich brauche mich nicht mehr vor dem Tod zu fürchten.'

Martin ist mit seiner Angst vor dem Tod nicht allein. Viele Menschen fürchten sich davor. Sie möchten wissen, was nachher kommt. Sie fürchten sich vor dem Gericht Gottes, von dem die Kirche erzählt. Sie fürchten sich vor den grausamen Strafen.

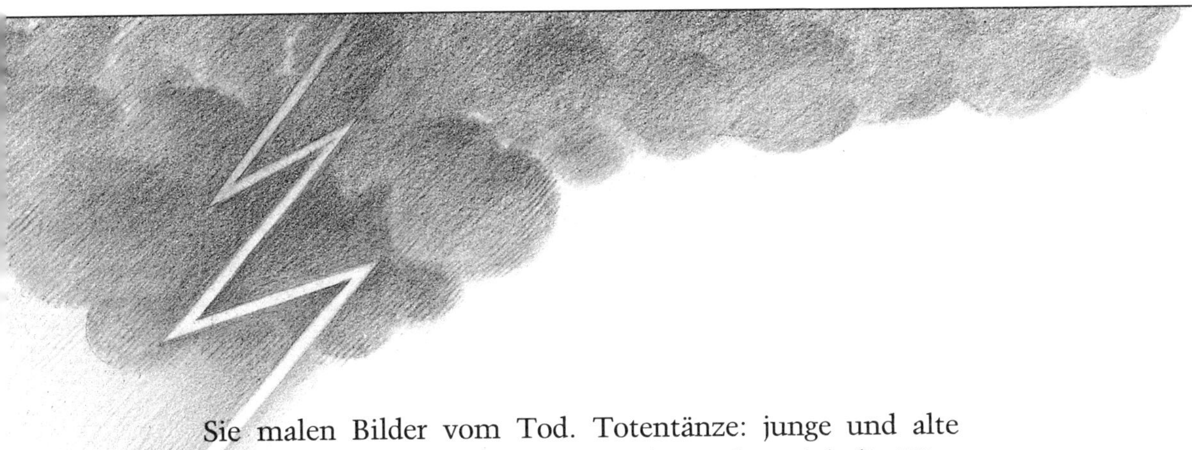

Sie malen Bilder vom Tod. Totentänze: junge und alte Menschen, Frauen, Männer und Kinder reichen sich die Hände zum Tanz. Sie sehen aus wie Schlafende.

An der Spitze des Zuges geht der Tod. Er führt den Tanz an.

Solche Bilder malt man auf die Wände von Friedhöfen und in die Kirchen. Sie erinnern die Menschen an ihren Tod. Jeder kann sterben. Der Tod ist überall.

Zwei Wochen nach dem Gewitter feiern die Studenten in Erfurt ein Sommerfest. Sie essen und trinken, sie singen und lachen. Alle sind fröhlich. Mitten im Fest steht Martin auf. Er sagt zu seinen Freunden: „Ich bin heute zum letzten Mal dabei. Ich habe versprochen, Mönch zu werden und ins Kloster zu gehen. Ich will mein Versprechen halten. Morgen früh trete ich ins Kloster ein. Gott will es so.“

Die Freunde lachen: „Das war ein guter Scherz, Martin. Komm, setz dich wieder und vergiß dein Versprechen.“

Aber Martin hat nicht gescherzt. Er verteilt seinen Besitz unter die Freunde. Am nächsten Morgen geht er in aller Frühe durch die Stadt zum Kloster des Augustinerordens*. Er klopft an die Pforte und bittet um Einlaß. Hinter ihm schließt sich die Tür.

Die lange Zeit im Kloster

Martin wird Mönch

Seit einem halben Jahr wohnt Martin Luther jetzt im Kloster. Er schläft in einer kleinen Zelle. Sie ist kahl und kalt.

Er ißt mit den andern Mönchen zusammen im Speisesaal. Tagsüber liest er in theologischen Lehrbüchern und in der Bibel. Er bettelt mit den anderen in der Stadt um Brot und Geld. Regelmäßig finden in der Klosterkirche Gebetsgottesdienste statt.

Martin bereut seinen Entschluß nicht. Aber noch ist er nur auf Probe hier. Er steht am Fenster und denkt an die letzten Monate:

‚Im Herbst wohnte ich noch auf der andern Seite des Hofes, im Gästehaus. Jeden Tag führte mich ein Mönch durch den Kreuzgang zum Klostervorsteher. Mein Herz klopfte vor Aufregung immer ganz laut. Aber es war jedesmal eine Enttäuschung. Der Vorsteher sagte zu mir: Martin, ich kann dich noch nicht als Mönch aufnehmen, auch nicht für eine Probezeit. Dein Vater ist nicht einverstanden.'

Martin sieht gedankenverloren in den Garten hinaus.

‚Das war eine schlimme Zeit. Damals war ich oft traurig', denkt er. ‚Warum wollte mein Vater nicht, daß ich Mönch werde? Er mußte doch wissen, daß Gott die Mönche besonders liebt. Aber das kümmerte ihn wenig. Er sagte: Die Kirche ist reich. Wir müssen ihr viel Geld bezahlen. Sie braucht mir meinen Sohn nicht auch noch wegzunehmen. Die Mön-

che im Kloster sind alle faul. Sie leben auf Kosten der anderen, sie betteln auf der Straße. Das hat mein Sohn nicht nötig. Martin soll Rechtsgelehrter werden und für einen Fürsten arbeiten. Er soll seine Fähigkeiten nicht in einem Kloster vergraben. Nein, Martin geht nicht ins Kloster.'

Martin seufzt. Er denkt nicht gerne an diese Zeit. Auch über das, was nachher geschah, kann er sich nicht freuen. Im Herbst brach die Pest aus. Zwei von Martins Brüdern starben. Martin schaudert.

‚Auch ich hätte sterben können. Mein Vater sorgte sich um mich. Er gab nach. Er erlaubte mir, Mönch zu werden. Endlich konnte ich meine Probezeit als Mönch beginnen. Der Vorsteher gab mir in der Klosterkapelle das Mönchskleid: einen langen weißen Wollrock und eine Kutte aus grobem schwarzem Stoff. Der Vorsteher sagte: Du bist jetzt ein neuer Mensch. Von nun an dienst du nur noch Gott. Ein Jahr lang bist du zur Probe hier, als Novize. Wenn du dann immer noch Mönch werden willst, kannst du in einem Jahr die Mönchsgelübde ablegen. Du versprichst, arm zu sein, nicht zu heiraten und deinem Vorsteher und dem Papst stets zu gehorchen. Diese drei Versprechen legt jeder neue Mönch ab. Sie sollen helfen, daß er wirklich nur für Gott da ist.'

Martin ist zuversichtlich. Sein größter Wunsch ist in Erfüllung gegangen. Er darf ganz nahe bei Gott leben. Er gibt sich große Mühe.

Beten und lernen

Draußen geht die Sonne unter. In Martins Zelle ist es kalt. Martin fröstelt. Sein Magen knurrt. Er hat seit gestern nichts mehr gegessen. Die halbe Nacht ist er wachgeblieben, um zu beten.

Der Tag war anstrengend. Martin ist mit einem anderen Mönch zusammen durch die Stadt gezogen. Sie haben an die Türen geklopft und um Brot und Geld gebettelt. Sie sind den ganzen Tag unterwegs gewesen und haben sich kaum ausruhen können. Jetzt ist Martin müde und hungrig.

Aber er ist glücklich. Er kniet an seinem Betstuhl und betet:

„Gott, ich danke Dir. Ich danke Dir für alle guten Werke, die ich heute getan habe. Ich habe gebettelt, ich habe nichts gegessen, und ich habe nicht geschlafen. Das alles habe ich für Dich getan. Laß mich ganz nah bei Dir sein."

Auf dem Tisch in der Zelle liegt ein Buch. Es ist die Mönchsregel des Heiligen Augustin. Sie gilt für alle Mönche des Augustinerordens. Martin kennt die Regel ganz genau. Er liest immer wieder darin. Er lebt so, wie es die Regel vorschreibt.

Manchmal ist er dennoch nicht sicher, ob das, was er tut, richtig ist. Er betet, er fastet und er bettelt. Er tut all die guten Werke, die die Kirche den Menschen vorschreibt. Aber hat Gott ihn wirklich lieb? Martin spürt nichts davon. Auch in den theologischen Büchern, die man im Kloster von Erfurt

liest, steht nicht viel von Gottes Liebe. Es steht, daß der Mensch ganz mit Gott eins werden kann, wenn er es will und wenn er sich anstrengt. Es heißt, daß Gott allen Menschen hilft, die sich darum bemühen. Martin Luther gibt sich große Mühe. Aber oft ist er traurig, weil all seine Mühe nichts hilft. Die Angst bleibt doch. Das Messeglöckchen läutet. Martin steht auf und geht mit den anderen Mönchen zusammen in die Kirche. Dort feiern sie Gottesdienst. Sie hören die Messe* und beten. Nach dem Gottesdienst verlassen die Mönche die Kirche. Nur Martin Luther kniet noch und betet ganz alleine. „Was für ein merkwürdiger Bruder", sagt einer der Mönche. „Der hat wohl nie genug vom Beten. Er ißt auch fast nichts. Und häufig sieht man ihn weinen, wenn er aus der Kirche kommt. Was mag ihn bedrücken?" Ein anderer sagt: „Ich bewundere ihn. Er ist wirklich der beste Mönch von uns allen. Er denkt nur an Gott."

Vor der Kirche wartet der Klostervorsteher auf Martin. Er sagt: „Du darfst dich nicht überanstrengen. Es ist ungesund, wenn du zuviel fastest und wachst. Du hast deine Kräfte nötig. Du sollst weiterstudieren und Priester werden. Mönche haben wir genug. Aber die Mönche können nicht selber die Messe lesen. Das muß ein Priester tun. Du wirst ein guter Priester werden."

Martin freut sich. Nun kann er noch mehr in der Bibel lesen. Nun kann er die Bücher lesen, die Theologen über den Glauben geschrieben haben. Vielleicht steht darin etwas von Gottes Liebe.

Martin Luther wird Priester

In der großen Kirche des Klosters ist es ganz still. Alle Leute sehen zum Altar. Dort steht der Priester und spricht mit Gott.

Er sagt: „Gott, Du bist unser Vater. Das hat uns Jesus, Dein Sohn, erzählt. Nimm uns gnädig an. Vergib uns alle unsere Sünden."

Der Priester vorne am Altar ist Martin Luther. Er liest heute zum ersten Mal die Messe. Durch die hohen Kirchenfenster fällt ein Sonnenstrahl auf den Altar. Das goldene Altarbild leuchtet auf. Man sieht Jesus am Kreuz. Rechts vom Kreuz steht seine Mutter Maria. Sie weint. Links steht Johannes, ein Freund von Jesus. Auch er macht ein trauriges Gesicht. Martin denkt: „Wie streng mich Jesus ansieht. Er kennt alle meine Sünden. Ich bin ein schlechter Mensch, ich kann nicht selber mit Gott sprechen. Oh, wie ist mir angst!"

Am liebsten möchte Martin vom Altar weglaufen, aus der großen Kirche hinaus, weit weg. Solche Angst packt ihn, wenn er diesen strengen Jesus ansieht.

In der Kirche sitzen viele Menschen. Auch Martins Vater ist gekommen. Er hat Freunde und Verwandte mitgebracht. Sie alle hören Martin zu. Nach der Messe findet ein großes Festessen statt. Martin setzt sich neben seinen Vater. Sie haben sich lange nicht mehr gesehen.

„Vater, verstehst du jetzt, warum ich Mönch geworden bin? Ich mußte mein Versprechen einlösen. Jetzt lebe ich ganz für Gott. Verstehst du mich?"

Der Vater runzelt die Stirn. Unwillig sagt er: „Bist du sicher, daß du dich nicht getäuscht hast? War dein Versprechen richtig?"

Nachdenklich geht Martin zurück in seine Zelle. Er denkt: ‚Wenn ich so glauben könnte wie Abraham in der Bibel! Er hat auf Gott gehört. Abraham hatte keine Angst.'

Martin geht zu Johann Staupitz. Staupitz leitet das Augustinerkloster in Wittenberg. Er ist auch verantwortlich für alle anderen Augustinerklöster in Deutschland. Zu ihm hat Martin Luther Vertrauen.

„Was soll ich tun? Ich mache so vieles falsch. Ich habe oft Angst. Das alles weiß Gott. Er wird mich für meine Sünden bestrafen."

Staupitz sagt: „Denk an Jesus. Er war ein Mensch und hat die andern Menschen liebgehabt. Mit ihren Sünden, mit ihren Fehlern. Du denkst zuviel über deine Fehler nach. So werden sie plötzlich ganz groß. So groß, wie sie eigentlich gar nicht sind. Ich weiß etwas Besseres für dich. Ich habe viel zu tun. Ich werde langsam alt und meine Kräfte lassen nach. Bisher habe ich an der Universität Wittenberg die Studenten unterrichtet. Möchtest du mein Nachfolger werden?"

Erschrocken wehrt Martin ab: „Ich soll Studenten unterrichten? Das kann ich nicht. Das geht über meine Kräfte. Ich bin kein guter Priester. Ich fürchte mich vor Gott."

Staupitz sagt: „Das macht nichts. Vielleicht ist es gut so. Die Studenten brauchen solche Lehrer. Sie brauchen Lehrer, die wissen, wie man mit der Angst lebt."

Die Reise nach Rom

„Endlich scheint die Sonne! Ich sehe den blauen Himmel. Und unten im Tal sehe ich Bäume und Menschen. Schnell, Martin, komm! Ich glaube, wir sind in Italien."

Martin und sein Begleiter sind auf dem Weg nach Rom. Johann von Staupitz hat sie dorthin geschickt. Sie sollen mit den Sekretären des Papstes verhandeln. Im Augustinerorden gibt es Schwierigkeiten: einige finden die Mönchsregel zu wenig streng. Sie möchten, daß das Leben noch genauer vorgeschrieben wird. Andere möchten so weiterleben wie bisher. In solchen Dingen fragt man die Mitarbeiter des Papstes in Rom um Rat. Martin freut sich. Rom ist die wichtigste Stadt für alle Christen. In Rom wohnt der Papst. In Rom stehen viele Kirchen. In Rom kann man Ablaß* erwerben. Für Geld wird ein Teil der Strafen erlassen, die die Kirche für die Sünden festsetzt. ‚Ablaß erwerben ist einfacher als fasten und beten', denkt Martin.

Der Weg über die Alpen war mühsam und gefährlich. Fast jeden Tag hat es geschneit. Es war kalt und neblig. Wie schön ist dagegen Italien! Hier scheint die Sonne und wärmt die durchfrorenen Hände und Füße. Auf beiden Seiten des Weges liegen Weinberge und Wiesen. Auch Olivenbäume sieht Martin unterwegs.

Die beiden Mönche wandern durch eine breite Ebene, die Lombardei. Unterwegs übernachten sie in Klöstern. Aus der Lombardei steigen sie auf die Apenninischen Berge. Hier liegt kein Schnee wie auf den Alpen. Hier ist es warm und sonnig. Endlich sieht Martin in der Ferne Rom. Laut ruft er: „Ich grüße Dich, du Heilige Stadt Rom."

Aufgeregt hasten Martin und sein Begleiter durch die Stadt. Es treibt sie in die Kirchen. Von der Stadt selbst sehen sie nicht viel. Nur zwei Dinge sind jetzt wichtig: der Auftrag von Staupitz und die Gelegenheit, sich Ablaß zu erwerben. Martin ist besonders eifrig. Er eilt vom einen zum anderen. Er erklärt den Leuten die Schwierigkeiten des Augustinerordens. Er redet

mit den Sekretären. Er staunt über die riesige Zahl von Leuten, die für den Papst arbeiten. Die Kirche ist gut organisiert. Für jede Frage ist jemand zuständig.

Für jede Auskunft muß Martin bezahlen. Hier gibt es nichts umsonst. Vom Papst ist Martin enttäuscht. Ihn selber sieht man nie. Seine Mitarbeiter sind alle prächtig gekleidet. Papst Julius ist reich. 56 Tonnen Gold besitzt er. Damit bezahlt er sein Heer. Er führt Krieg gegen viele Feinde, gegen Venedig, gegen den König von Frankreich und gegen den Kaiser.

Aber hilft das den Menschen in der Kirche? Hilft das gegen die Angst vor dem Tod?

Martin hat nicht viel Zeit, um darüber nachzudenken. Er rutscht auf den Knien die „Scala sancta", die heilige Treppe, hinauf. Das gilt als gutes Werk wie Fasten und Beten. Kaum ist Martin oben angekommen, eilt er weiter. Er möchte gern selber eine Messe lesen, bevor er wieder nach Erfurt reist. Viele Priester tun das, wenn sie in Rom sind. Aber Martin ist enttäuscht. Den italienischen Priestern kann es nicht schnell genug gehen. Sie merken kaum, was sie den Leuten erzählen. Es interessiert sie nicht. „Passa, passa", rufen sie. „Mach schnell, es warten noch viele."

Bald verlassen die Mönche Rom und machen sich auf den langen Heimweg.

Die neue Stadt Wittenberg

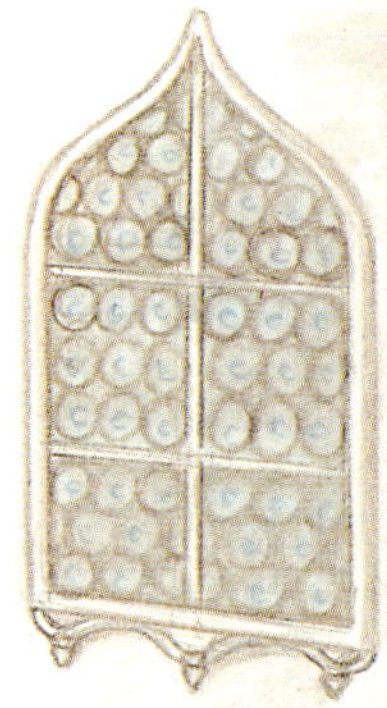

Auf den Straßen herrscht viel Betrieb. Ganz verschiedene Menschen sind unterwegs: Pilger, Bettler, Spielleute und Händler.

Es ist gefährlich, lange Reisen zu unternehmen. Man hört oft von Überfällen. Niemand reist gern alleine. Die Fürsten und die Kaufleute lassen sich von Soldaten begleiten. Sie sollen ihr Leben und ihre Ware schützen.

Martin Luther kennt sich auf den Straßen aus. Er reist in seinem ganzen Leben ungefähr zwanzigtausend Kilometer weit. Diesmal dauert seine Reise nur kurz. Er zieht von Erfurt nach Wittenberg. Dort soll er jetzt Studenten unterrichten, wie es Staupitz gewünscht hat.

Martin geht nur widerwillig. Er möchte lieber in Erfurt bleiben, dort steht die berühmte Universität, dort hat er Freunde.

Gegen Abend geht Martin über die Holzbrücke zum Stadttor von Wittenberg. Unter seinen Füßen rauscht die Elbe. Das Schwarze Kloster liegt am andern Ende der Stadt. In diesem Kloster soll Martin wohnen. Müde sucht er seinen Weg durch die Gassen. Je weiter er kommt, desto mehr staunt er. Er erkennt Wittenberg kaum wieder. Früher standen hier überall Holzhäuser. Jetzt sieht Martin fast nur noch Häuser aus Stein. Und die vielen Geschäfte: Bäcker, Metzger, Tuchhändler und Schuhmacher. Es wimmelt von Leuten. Viele sind vom Land gekommen, um Vorräte einzukaufen. Wittenberg ist die neue Hauptstadt von Sachsen. Der Landesfürst Friedrich der Weise hat die Stadt ausbauen lassen. Er hat eine neue Universität gegründet.

Martin sieht viele junge Leute. Das sind sicher Studenten.

„Wem gehört dieses Haus?“ fragt Martin einen Mann.

„Das ist Lukas Cranachs Haus. Cranach ist ein großer Maler. Geh in die Schloßkirche und sieh dir seine Bilder an. Cranach kann aber nicht nur malen. Er ist auch ein tüchtiger Kaufmann. Drei Druckereien gehören ihm. Er besitzt eine Gastwirtschaft und eine Apotheke. Er wohnt im größten Haus der Stadt.“

Langsam geht Martin weiter. Wittenberg ist kein kleines Städtchen mehr. ‚Vielleicht ist es doch gut, daß Staupitz mich hierhergeschickt hat', überlegt Martin. ‚Bestimmt lerne ich hier neue Freunde kennen. Und im Kloster wartet Johannes auf mich. Wir werden zusammen an der Universität unterrichten. Darauf freue ich mich besonders.'

Müde kommt Martin zum Schwarzen Kloster. Der Vorsteher erklärt ihm den Namen des Klosters. Es heißt Schwarzes Kloster, weil die Augustinermönche schwarze Kleider tragen.

Johannes freut sich über Martins Ankunft. Er zeigt ihm sein neues Arbeitszimmer. Es liegt im Turm des Klosters. Hier sieht man weit über das Land. In diesem Zimmer kann Martin für sich alleine arbeiten. Hier gefällt es ihm.

Die Reliquiensammlung des Kurfürsten

Früh am nächsten Morgen geht Martin durch die Stadt zur Schloßkirche. Als er zum letzten Mal hier war, standen noch die Gerüste. Friedrich hat die Kirche umbauen lassen und die Maler Lukas Cranach und Albrecht Dürer beauftragt, Gemälde und Altarbilder für die neue Kirche zu malen.

Fürst Friedrich ist sehr fromm. Vor einigen Jahren ist er ins Heilige Land gepilgert. Seither sammelt er Reliquien. Das sind heilige Gegenstände. Friedrich der Weise besitzt mehr als 17000 Reliquien. Sie werden in kostbaren Gefäßen aufbewahrt. Im Schwarzen Kloster hat Martin ein Verzeichnis der Reliquiensammlung gesehen. Lukas Cranach hat Bilder dazu gemalt. Da sind kostbare Dinge abgebildet: Kelche, Kästchen und schwere Kreuze. Alle sind aus Gold und Silber gearbeitet und mit farbigen Edelsteinen verziert. Merkwürdige Gegenstände liegen in diesen Gefäßen: ein Nagel vom Kreuz Jesu. Friedrich hat ihn von seiner Reise ins Heilige Land mitgebracht. Ein Zahn des Heiligen Hieronymus, vier Haare der Jungfrau Maria, ein Stück der Windeln Jesu.

Einmal im Jahr werden all diese Schätze in der Schloßkirche ausgestellt. Von weither kommen die Leute, um sie zu sehen. In der Schloßkirche liest ein Priester vor, was die Reliquiengefäße enthalten.

Jedem, der sich die Ausstellung ansieht, werden die Strafen für seine Sünden erlassen. Er muß weniger beten und fasten. Das nennt man „Ablaß erwerben". Der Ablaß verkürzt auch die Zeit der Strafe nach dem Tod. So lehrt es die Kirche.

Die Menschen sehen sich die Reliquien gerne an. Das gibt ihnen Sicherheit. Das nimmt ihnen die Angst vor der Zeit nach dem Tod.

Nun steht Martin vor der Schloßkirche.

Durch das große Portal tritt er ein. Staunend sieht er sich um. Nur in Rom hat Martin solch prunkvolle Kirchen gesehen. Langsam geht er durch den großen Raum. Der Boden ist mit Marmor belegt. Martin wagt fast nicht, darauf zu gehen. In der Kirche stehen zwanzig Altäre. Geschmückt sind sie mit großen Altarbildern. Viele Heilige sind darauf abgebildet; auf einigen sieht man auch Jesus mit seiner Mutter Maria. Von der Decke hängen funkelnde Leuchter. Auf den Stufen, die zu den Altären führen, liegen kostbare Teppiche. Ganz vorne am Hauptaltar ist Friedrich der Weise mit seinem Bruder Johann abgebildet. Beide knien und beten.

Wie fromm der Fürst ist! Jeden Tag läßt er in der Schloßkirche eine Messe halten. An manchen Tagen werden besondere Messen zu Ehren der Heiligen gelesen. Eine Kirche mit so vielen Altären und Reliquien! Eine Kirche, in der so viele Messen gelesen werden! Das ist ja wie in Rom, denkt Martin. Aber was hilft das den Menschen? Hat Gott sie wirklich nur dann gern, wenn sie sich regelmäßig die Reliquien ansehen und Ablaß erwerben? Schützt der Ablaß im großen Gericht nach dem Tod? Ist er ein Mittel gegen die Angst vor dem Tod?

‚Ich kann es nicht glauben', murmelt Martin. ‚Mir jedenfalls hilft das alles nichts. Es muß einen andern Weg geben. Aber welchen?'

Noch kennt Martin ihn nicht.

Eine überraschende Entdeckung

Die Luft ist drückend und schwül. Über dem Horizont ballen sich finstere Wolken. Ein Gewitter zieht auf.

Martin Luther sitzt in seinem Turmzimmer und liest. Er liest nun schon den ganzen Tag. Seit Wochen arbeitet er an der Erklärung des Römerbriefes für die Studenten. Aber er kommt nicht voran. Er denkt nach und schüttelt den Kopf. Er blättert in seinen Büchern. Aber es hilft alles nichts.

,Ich kann nicht mehr. Ich gebe es auf. Nie werde ich diesen Satz verstehen: GOTT IST GERECHT. Es kann nicht wahr sein. Gott verlangt zuviel. Er richtet wie ein strenger Richter über meine Sünden. Er rechnet wie ein Kaufmann alles zusammen, was ich falsch mache. Gott ist grausam und unbarmherzig. Ich hasse ihn!'

Plötzlich hebt Martin Luther den Kopf. Rasch nimmt er seine Bibel und blättert. Auf einmal fängt er an zu lachen. Er lacht und lacht.

„Ich habe den neuen Weg gefunden", ruft er. „Jetzt verstehe ich den Satz. Ich habe ihn nicht zu Ende gelesen. Es heißt: GOTT IST GERECHT. WER DARAUF VERTRAUT, DER WIRD LEBEN. Von den Sünden steht nichts. Gott hat uns lieb. Wir gehören zu ihm; er ist für uns wie ein Vater. Wir können ihm vertrauen. Wir brauchen keine Angst vor ihm zu haben."

Da klopft es an die Tür. „Johannes, bist du es? Du kommst genau zur rechten Zeit. Denk dir, ich habe den neuen Weg gefunden. Ich verstehe jetzt, was es heißt: GOTT IST GERECHT."

Johannes hört gespannt zu.

„Ich habe diesen Satz bis heute falsch verstanden. Ich habe gefastet, ich habe gebettelt. Ich habe alle guten Werke getan, die die Kirche kennt. Aber meine Angst konnte ich damit nicht vertreiben. Ich dachte, daß Gott mich haßt. Ich dachte, ich sollte immer noch mehr Werke tun. Ich war ganz verzweifelt. Aber auf einmal wurde es mir klar: Unsere Werke sind gar nicht nötig. Wir sollen Gott vertrauen wie einem Vater. Das genügt. Gott schenkt uns das Leben. ER macht uns gerecht!" Johannes nickt: „Staupitz hat uns gesagt: Seht auf Christus. Er war ein Mensch. Er ist zu uns wie ein Bruder. Er hat uns von unsern Sünden befreit. Du hast recht, Martin. Wir brauchen vor Gott keine Angst zu haben. Er ist der Vater von Jesus und von uns allen."

Das Gewitter hat sich verzogen. Die Sonne scheint durch das Gewölk. Martin schreibt seine Erklärung zu Ende. Die Arbeit geht wie von selber. Er predigt jeden Tag in der Stadtkirche. Er fährt übers Land und prüft, ob die andern Augustinerklöster nach den Vorschriften der Regel leben. Er schreibt Erklärungen zu vielen Büchern der Bibel. Und er unterrichtet die Studenten. Er legt ihnen die Bibel aus.

Er sagt den Leuten in der Kirche: „Ihr müßt nicht nach Rom reisen, um eure Sünden loszuwerden. Lest, was in der Bibel steht. Dort findet ihr die Wahrheit: Ihr braucht Gott nicht durch gute Werke gnädig zu stimmen. Der Glaube genügt."

Der neue Glaube

Der Ablaßverkäufer Johann Tetzel

Auf der Straße von Wittenberg nach Jüterbog sind viele Menschen unterwegs: Junge und Alte, Männer, Frauen und Kinder, Bauern, Handwerker und Studenten. Auch der Soldat Franz läuft mit.

Er greift immer wieder verstohlen nach dem Geldbeutel, der an seinem Gürtel hängt. Ob das Geld noch da ist? Franz hat lange gespart. Er will für sich und seinen Vater Ablaß erwerben. Sein Vater ist schon lange tot. Franz überlegt sich manchmal, ob der Vater im Fegefeuer für seine Sünden bestraft wird. Aber das ist jetzt nicht mehr wichtig. Die Kirche verkauft Ablaß. Wer einen Ablaßbrief kauft, der wird für seine Sünden nicht mehr bestraft. Wer genug zahlt, kann auch seine verstorbenen Angehörigen von den Sündenstrafen loskaufen. Das will Franz tun. Er hat lange darauf gespart. Nun ist er auf dem Weg zu Johann Tetzel, dem Ablaßprediger.

„Schade, daß unser Fürst verboten hat, in Wittenberg

Ablaß zu verkaufen", sagt Franz zu einem Mann, der neben ihm geht.

„Der Verkauf der Ablaßbriefe ist im ganzen Land verboten. Wir müssen bis nach Jüterbog laufen, um Ablaß zu kaufen. Das ist unbequem." Der Mann nickt. Er kommt nur mühsam voran. Er stützt sich auf zwei Krücken. „Vielleicht hat der Fürst Angst, daß die Leute sich die Reliquien nicht mehr ansehen. Sie gelten nicht soviel wie ein Ablaßbrief. Ein Ablaßbrief erlöst vom Fegefeuer. Das lohnt sich. Dafür laufe ich weit."

„Das hat die Kirche gut gemacht", sagt Franz. „Ich zahle lieber Ablaßgeld statt zu fasten. Hunger tut weh. Und lange Wallfahrten sind anstrengend. Ablaß gilt genausoviel wie eine Wallfahrt."

Der Mann sagt: „Ablaß zählt viel mehr. Ein Ablaßbrief befreit von allen Sünden, die man in Zukunft noch begeht. Ablaß löscht alle Sünden aus. Das macht alle Sorgen überflüssig."

Plötzlich hört man in der Ferne ein Geschrei. Die Leute stehen jetzt dichtgedrängt und recken die Hälse. Sie wollen Tetzel sehen, den berühmten Ablaßprediger. Franz zwängt sich durch die Menschen. Mühsam humpelt der Mann hinterher. Da steht er, der Ablaßverkäufer. Er redet eifrig auf die Leute ein, die neben ihm stehen. Ein bunt gekleideter Mann schlägt die Trommel. Vor Tetzel steht eine große Holzkiste. Dort legen die Leute ihr Geld hinein. Tetzel verteilt die Ablaßbriefe. Franz sucht sein Geld zusammen. Nun ist er an der Reihe. Mit wichtiger Miene legt er einen Gulden in die Kiste. Dafür erhält er zwei Ablaßbriefe: einen für sich und einen für seinen Vater. Franz freut sich: jetzt ist sein Vater sicher nicht mehr im Fegfeuer.

Tetzel ruft. „Kauft Ablaß! Legt euer Geld hier in diesen Kasten, dann springt eure Seele aus dem großen Höllenfeuer. Kauft jetzt, ihr wißt nicht, wer von euch morgen noch lebt. Der Papst selber hat mir erlaubt, Ablaß zu verkaufen. Kauft euch von euren Sünden los, kauft euch einen Platz im Himmel."

Franz staunt. Ein wenig beneidet er Tetzel. Der hat sein Geld leicht verdient, denkt er. Und auch Erzbischof* Albrecht von Mainz verdient nicht schlecht. Der Papst hat ihn mit dem Ablaßverkauf in Deutschland beauftragt. Das Geld ist für den Neubau der Peterskirche in Rom bestimmt. Aber die Hälfte bekommt der Erzbischof von Mainz. Zufrieden reibt sich Tetzel die Hände. Das Geschäft läuft.

Der Kampf gegen den Ablaß

Müde kommt Martin Luther aus der Kirche. Er hat den ganzen Tag Beichte* gehört. Das ist seine Aufgabe als Priester.

Auf dem Platz vor der Kirche stehen immer viele Leute. Hier treffen sie sich und tauschen Neuigkeiten aus. An der Kirchentür hängen einige Plakate. Es sind Mitteilungen aus der Universität. Jeder kann sie lesen.

Martin Luther überlegt, ob er hier eine Einladung zu einem Gespräch aufhängen soll. Er ist besorgt. Der Ablaß beschäftigt ihn immer mehr. Etwas muß sich ändern.

‚Seit dieser Tetzel Ablaß verkauft, ist meine Arbeit nutzlos', denkt Martin. ‚Wozu höre ich noch Beichte? Die Leute wollen ihre Sünden nicht mehr bereuen. Sie bringen mir ihre Ablaßbriefe und sagen: Wir haben viel Geld dafür bezahlt. EIN Brief löscht alle Sünden aus. Sprich uns von den Sünden los, das ist deine Aufgabe.' Martin murmelt: ‚Das ist falsch. So hat die Kirche das mit dem Ablaß nicht gemeint.'

Martin Luther berät sich mit seinen Freunden. Er fragt Rechtsgelehrte, was in den Gesetzen der Kirche zum Ablaß steht. Lange denkt er nach, was geändert werden muß. Er schreibt 95 Sätze zum Ablaß auf und legt sie beiseite.

Aber die Sache läßt Martin keine Ruhe. Was hilft es, wenn ich meine Gedanken für mich behalte? Damit ändert sich nichts. Der Erzbischof Albrecht von Mainz muß sie lesen. Er ist für den Ablaßverkauf verantwortlich.

Der Erzbischof ist Martins Vorgesetzter. Er ist ein mächtiger Kirchenfürst. Martin ist ein unbekannter junger Priester und Bettelmönch*. Martin Luther überlegt: ‚Darf ich dem Erzbischof einen Brief schreiben? Vielleicht ist es besser, wenn ich zuerst die Einladung zu einem Gespräch über meine Sätze aufhänge.' Schließlich tut er beides.

Im Herbst 1519 schreibt er einen langen Brief an den Erzbischof. Er schreibt: „Ich bin Priester und Lehrer in Wittenberg. Ich habe mich lange mit dem Ablaß beschäftigt. In der Bibel steht davon nichts. Erst der Papst hat den Ablaß eingeführt, weil er Geld brauchte. Jesus hat nie vom Ablaß gesprochen.

Aber er hat das Leben der Menschen verändert. Der Ablaß ändert den Menschen nicht. Er ist gefährlich. Die Leute verstehen ihn falsch. Sie meinen: Mit dem Ablaß sind wir sicher. Gott kann uns nicht mehr strafen. Wir haben uns von unsern Sünden losgekauft. Aber der Ablaß nimmt nicht die Sünden weg. Er ist nur ein Ersatz für die Strafen, die die Kirche den Menchen auferlegt." Mit dem Brief schickt Martin dem Erzbischof seine 95 Sätze zum Ablaß. Er hängt sie auch an die Kirchentür.

Lange meldet sich niemand. Auch der Erzbischof schweigt.

Das Verhör vor Cajetan

Martin Luther ist in Gefahr. Man kennt die Ablaßsätze jetzt überall. Auch der Papst hat von ihnen gehört. Seine Berater sind sich einig: Diese Sätze sind gefährlich. Sie wollen den Glauben und die Kirche verändern. Sie sind falsch. Die Berater des Papstes laden Martin Luther nach Rom. Dort soll er seine Sätze widerrufen. Da greift Fürst Friedrich ein. Er sagt zu Martin Luther: „Geh nicht nach Rom. Man wird dich bestrafen. Die Kirche ist mächtig. Sie stößt Menschen, die den Glauben ändern wollen, aus. Sie setzt sie in den Bann*. Dann sind sie verloren. Jeder kann sie töten. Niemand darf sie schützen und aufnehmen. Darum müssen sie sich vor den Menschen verstecken. So wird es auch dir ergehen. Der Papst wird dich in den Bann setzen, wenn du deine Sätze nicht zurücknimmst."

Fürst Friedrich verhandelt mit dem Papst. Er erreicht, daß man aus Rom einen Gesandten nach Augsburg schickt, den Kardinal* Cajetan. Er soll Luther verhören. Cajetan ist ein vornehmer Mann. Als Kardinal ist er mächtiger als ein Bischof* oder ein König. Er ist ein berühmter Theologe und kennt sich in den Schriften der Kirchenlehrer aus. Er ist ein treuer Diener des Papstes.

Aber Luther fürchtet sich nicht vor Cajetan. Die Kirche hat viele Fehler gemacht. Die Menschen haben vergessen, was in der Bibel steht. Das will Luther dem Kardinal sagen. Darum geht er nach Augsburg.

Aber Cajetan will nicht auf Luther hören. Er will, daß Luther seine Sätze widerruft. Martin Luther wehrt sich: „Jesus hat alle Menschen befreit. So steht es in der Bibel. Mit dem Ablaß verkauft die Kirche die Freiheit, die Jesus den Menschen gebracht hat. Aber diese Freiheit ist kein Besitz. Die Kirche kann sie nicht verkaufen. Das ist falsch."

Cajetan blättert in seinen Büchern. Er liest vor, was die Kirchenleute auf ihren Versammlungen beschlossen haben. Luther sagt: „Ich kann meine Meinung nur dann ändern, wenn Ihr mir beweist, daß ich die Bibel falsch verstanden habe. Die Kirchenversammlungen können sich irren. Nur die Bibel ist die Grundlage des Glaubens."

Cajetan ärgert sich. Dieser kleine Priester ist starrköpfig und unverschämt. Er wagt es zu widersprechen und beruft sich auf die Bibel. Das geht zu weit. Cajetan wird wütend. Er schreit Martin Luther an und jagt ihn fort: „Komm erst dann wieder, wenn du deine Meinung geändert hast. Ich will nicht mit dir über den Glauben sprechen. Die Kirche des Papstes verwaltet den Glauben. Sie allein kennt die Wahrheit. Du sollst widerrufen."

Cajetan läßt Staupitz, den Vorsteher des Augustinerordens, zu sich kommen. Er befiehlt ihm: „Rede mit Luther. Er hat Vertrauen zu dir. Er ist noch jung und kann vergessen, was er gegen die Kirche geschrieben hat."

Staupitz schüttelt den Kopf. „Luther ist viel weiter als ich. Er kennt die Bibel ganz genau. Er hat Mut. Ich könnte ihn niemals überzeugen." Aber Staupitz sorgt sich um Martin Luther. Er sorgt sich auch um den Augustinerorden. Der Papst kann den ganzen Orden bestrafen, wenn Luther seine Meinung nicht ändert. Staupitz sagt zu Martin Luther: „Ich will dich nicht von deiner Meinung abbringen. Vielleicht hast du recht. Vielleicht muß sich die Kirche ändern. Aber ich bin zu alt. Ich kann nicht gegen die Kirche kämpfen. Bisher war ich dein Vorgesetzter. Du hast mir gehorchen müssen. Das wollen wir ändern. Ich gebe dich frei. Du bist nun kein Augustinermönch mehr und brauchst mir nicht mehr zu gehorchen. Du gehorchst nur noch Gott."

Die Bücherverbrennung

Cajetan reist wieder nach Rom zurück. Er unterrichtet den Papst über das Verhör mit Martin Luther. Die Berater des Papstes beschließen:

Jetzt müssen wir Luther bannen. Er will seine Meinung nicht ändern. Er schadet der Kirche und macht die Leute unsicher.

Der Papst schickt neue Gesandte über die Alpen. Er gibt ihnen einen gesiegelten Brief mit, eine Bulle*. Darin droht er Luther mit dem Bann. Eine Bulle vom Papst ist wie ein Gesetz. Martin Luther hat noch sechzig Tage Zeit, um seine Sätze zu widerrufen. Wenn er es nicht tut, so wird er gebannt und aus der Kirche ausgestoßen.

Einer der Gesandten, Hieronymus Aleander, bringt die Bulle nach Holland zum Kaiser. Er erreicht, daß man in Holland Luthers Bücher verbrennt. Niemand soll mehr seine Schriften lesen. Bald gehört er nicht mehr zur Kirche. Er ist ein Feind der Kirche und seine Bücher sind gefährlich. Auch in Deutschland verbrennt man jetzt Luthers Schriften. Seit den Sätzen über den Ablaß hat Martin Luther viele Bücher geschrieben: über die Taufe, über das Abendmahl, über die neue Freiheit der Menschen.

Im Oktober 1520 kommt die Bulle nach Wittenberg. Martin Luther hat darauf gewartet. Jetzt hat er keine Angst mehr. Er weiß, was er tun will. Im Dezember hängt ein neues Plakat an der Kirchentüre in Wittenberg. Es ist eine Einladung an die Studenten. Am 10. Dezember will Martin Luther vor der Stadt Bücher über das Recht der Kirche verbrennen. Alle sind eingeladen. Alle sollen Bücher mitnehmen.

Es ist ein kalter Tag. Schon fällt der erste Schnee. Trotzdem sind viele gekommen. Die Studenten sind begeistert.

Einer von ihnen sagt:

„Endlich geschieht etwas. Luther hat lange genug gewartet. Mit Bücherschreiben allein ändert sich nichts. Wir müssen dem Papst und seinen Leuten zeigen, daß es nicht so weitergehen kann wie bisher." Luthers Freunde wissen nicht, was sie denken sollen. Sie warnen:

„Mit diesem Schritt trennst du dich endgültig von Rom. Das Kirchenrecht* ist die Grundlage der ganzen Kirche. Wenn du diese Bücher verbrennst, so sagst du dich vom Papst und seiner Kirche los. Du bringst dich unnötig in Gefahr."

Aber Martin hört nicht auf die Warnungen. Diesmal will er ein Zeichen setzen. Ein Zeichen gegen die Bulle des Papstes.

Schon lodert ein großes Feuer. Martin Luther stellt sich daneben. Er sagt: „Wir verbrennen jetzt diese Bücher aus der Kirche des Papstes. Sie sind gefährlich. Sie enthalten Lügen. Überlegt euch, was diese Verbrennung bedeutet. Man wird in Rom davon hören. Man wird uns alle verfolgen."

Von allen Seiten fliegen jetzt Bücher ins Feuer. Die Flammen schlagen hoch auf. Bald sind die Bücher zu Asche verbrannt. Martin Luther wirft auch die Bulle des Papstes ins Feuer. Dann geht er mit seinen Freunden zurück in die Stadt. Nur die Studenten bleiben noch beim Feuer. Noch lange feiern sie dort die Verbrennung.

Der Reichstag in Worms

Im Frühling 1521 kommen die Fürsten und Vertreter der freien Städte in Worms zu einem Reichstag zusammen. Auch Kaiser Karl V. ist gekommen. Er wird den Reichstag selber leiten. Er hat auch Martin Luther eingeladen.

Viele sind entsetzt. Sie meinen: Luther ist jetzt vom Papst gebannt. Er gehört nicht mehr zur Kirche. Er soll auch nicht mehr zum Reich gehören, auch der Kaiser soll ihn bannen. Ein Gebannter darf nicht vor dem Reichstag erscheinen.

Aber der Kaiser will Luther nochmals Gelegenheit geben, seine Meinung zu ändern. Es ist das letzte Mal. Falls Luther nicht widerruft, trifft ihn auch der Bann des Reiches. Niemand kann ihn dann noch schützen. Auch Friedrich der Weise, der Fürst von Sachsen, nicht. Die Lage ist gespannt. Niemand weiß, wie es weitergehen wird. Martin Luther sagt: „Nun weiß auch der Kaiser von meinen Büchern. Mein Glaube gehört nicht mehr nur mir allein. Er betrifft das ganze Reich. Vielleicht kann der Kaiser helfen, daß sich die Kirche verändert. Er ist mächtig. Er kann mit dem Papst verhandeln. Darum nehme ich die Einladung vor den Reichstag an. Ich gehe nach Worms, auch wenn es sehr gefährlich ist. Ich muß hingehen!"

Im großen Saal des Bischofspalastes in Worms sind die Kerzen schon halb heruntergebrannt. Alle Teilnehmer des Reichstages sind erschöpft. Sie haben den ganzen Tag verhandelt und beraten. Aber niemand geht weg. Alle warten auf Martin Luther. Um sechs Uhr soll das Gespräch mit ihm beginnen. Aleander, der Gesandte des Papstes, sieht sich um. Der Saal ist bis auf den letzten Platz gefüllt. Das Interesse an Luther ist groß. Aleander verzieht spöttisch den Mund.

Das Gemurmel im Saal verstummt. Martin Luther kommt. Der Sprecher des Kaisers zeigt ihm seinen Platz und sagt: „Ihr seid ein gelehrter Mann. Ihr denkt nicht zum ersten Mal über den Glauben nach. So gebt Antwort auf unsere Frage: Widerruft Ihr, was in Euren Büchern und Schriften steht?"

Im Saal ist es ganz still. Alle sehen gespannt auf Luther. Er steht auf und beginnt: „Ich bin Priester und unterrichte an der Universität Wittenberg die Studenten in der Bibel. Meine Aufgabe ist es, den Leuten den Glauben zu erklären. Über den Glauben spricht man in der Kirche zu wenig. Die Ablässe sind dem Papst wichtiger. Sie bringen der Kirche viel Geld. Aber den Menschen nützen sie nichts. Die Kirche hat Fehler gemacht. Dazu kann ich nicht schweigen. Ich habe versucht, mit dem Erzbischof von Mainz zu sprechen. Es war nicht möglich. Er wollte kein Gespräch. Auch Cajetan wollte nicht über den Glauben sprechen. Darum mußte ich Bücher schreiben. Ich gebe zu, daß vieles darin ein wenig hart klingt. Aber ich kann nichts davon zurücknehmen. Ich sage offen, was ich von der Kirche denke. Ich schweige nicht, nur damit scheinbar Ruhe und Ordnung herrschen. Das wäre nicht ehrlich. Das wäre ein falscher Frieden. Ich bin von dem überzeugt, was ich in meinen Büchern schreibe. Es steht alles auch in der Bibel. Nur die Bibel ist die Grundlage für den Glauben. Etwas anderes kann ich nicht anerkennen."

Die Versammlung wird geschlossen. Am nächsten Tag sagt der Kaiser vor der ganzen Versammlung: „Meine Vorfahren waren alle fromme Fürsten. Sie dienten der Kirche des Papstes. Ich werde ihnen folgen. Martin Luther irrt sich. Er will gegen eine ganze Kirche allein im Recht sein. Das ist unmöglich. Er soll nach Wittenberg zurückreisen. Er steht jetzt auch unter dem Bann des Reiches. Niemand darf ihn mehr unterstützen. Er ist aus unserer Mitte ausgestoßen."

Auf der Wartburg gefangen

Friedrich, Luthers Landesfürst, läßt ihn nicht im Stich. Er hat einen schlauen Plan. Auf dem Heimweg nach Wittenberg läßt er Martin Luther entführen. Niemand soll davon wissen. Es bleibt alles geheim. Der Plan gelingt. Martin Luther wird auf die Wartburg gebracht. Hier ist er sicher. Hier kann der Kaiser ihn nicht verfolgen.

Nur der Hauptmann der Wartburg ist in den Plan eingeweiht. Er gibt Martin Luther ein abgelegenes Zimmer. Er sagt: „Bleib in diesem Zimmer und zeig dich nicht. Man könnte dich erkennen. Laß dir einen Bart wachsen wie ein Ritter. Dann erkennt dich niemand mehr."

Martin Luther hört auf seinen Rat. Er bleibt fast ein ganzes Jahr auf der Wartburg. Er schreibt viele Briefe an seine Freunde und Anhänger. Er übersetzt das Neue Testament aus dem Griechischen. Er schreibt eine Erklärung der Psalmen. Jeder soll die Bibel lesen können. Jeder soll verstehen, was die Bibel vom Glauben schreibt.

Auf der Wartburg wohnen nicht viele Menschen. Nur der Hauptmann und ein paar Soldaten sind als Wache hier. Seit einiger Zeit gehört auch Franz zu ihnen. Franz ist neugierig. Er möchte wissen, wer der fremde Mann ist. Aber er sieht ihn kaum. Plötzlich ereignen sich merkwürdige Dinge. Franz ahnt etwas. Er schreibt seinem Freund einen Brief:

„Stell Dir vor: seit heute morgen ist der fremde Mann, der seit vielen Monaten hier auf der Wartburg wohnte, verschwunden! Wir alle haben es leider zu spät bemerkt. Nur der Mann von der Zugbrücke hat ihn gesehen. Wie schade! Ich hätte ihn gerne fortreiten sehen. Schon lange habe ich etwas geahnt. Jetzt bin ich sicher: der fremde Mann war Martin Luther aus Wittenberg. Aber ich will Dir der Reihe nach alles erzählen.

Der Fremde ist eines Abends mit dem Hauptmann zusammen auf die Wartburg gekommen. Er wohnte in einem abgelegenen Zimmer und zeigte sich nur selten. Meistens las er in seinen Büchern und schrieb. Ich habe es gesehen, als ich ihm einmal das Essen brachte. Im Wirtshaus erzählten die

Kaufleute aus Wittenberg zwar, daß Martin Luther verschwunden ist. Aber ich habe mir nichts dabei gedacht. Wie dumm ich war! Die Kaufleute sagten, daß in Wittenberg seither alles drunter und drüber geht. Die ganze Stadt ist in Unruhe. Einer der Theologieprofessoren von der Universität, Andreas Karlstadt, ist der Anführer. Er will die Kirche verändern, ohne auf Luther zu warten. Er liest die Messe in deutscher Sprache. Er teilt das Abendmahl aus mit Brot und Wein — bisher gab es nur das Brot. Er hetzt die Mönche auf und sagt ihnen: „Tretet aus dem Kloster aus. Mönchsein hilft nichts. Luther hat es selber gesagt." Karlstadt und seine Anhänger zerstören die Bilder in den Kirchen. Die Heiligenbilder auf den Altären! Karlstadt sagt: „Diese Bilder sind gefährlich. Sie lenken von Gott ab. Die Heiligen können nicht helfen. Man soll nicht zu ihnen beten. Nur zu Gott soll man beten." — Hast Du so etwas schon gehört? Ich weiß gar nicht, was ich davon denken soll!

In letzter Zeit kamen immer häufiger Boten aus Wittenberg zu uns auf die Wartburg. Sie sprachen mit dem Hauptmann und mit dem fremden Gast. Zuletzt kamen sie fast jeden Tag. Schade, das wird sich jetzt ändern. Martin Luther, der fremde Gast, ist wieder weg. Sicher ist er nach Wittenberg geritten. Er hat Mut: Kaiser und Papst haben ihn beide gebannt. Jeder darf ihn töten. Trotzdem ist er nach Wittenberg geritten. Was wird er jetzt tun?"

Ungeahnte Folgen

Martin Luther taucht wieder auf

Franz hat recht: Der fremde Gast auf der Wartburg war Martin Luther. Er galoppiert jetzt quer durch die Wälder von Thüringen. Es eilt. Die Unruhen in Wittenberg werden immer schlimmer. Die Theologen in Wittenberg streiten sich. Einigen geht alles zu langsam. JETZT muß sich die Kirche ändern. Neue Leute tauchen auf in Wittenberg. Sie nennen sich Propheten. Sie sagen: „Gott hat selber mit uns gesprochen. Er will die Welt verändern. Er will eine neue Ordnung einführen. Die Armen sollen reich werden und die Reichen arm." Andreas Karlstadt, ein Theologieprofessor aus Wittenberg, sagt: „Die Theologie ist nutzlos. *Lebt* mit Gott! Ihr müßt selber erfahren, wie er ist. Das steht nicht in den gelehrten Büchern. Arbeitet als Bauern und Handwerker. Die Bauern stehen Gott näher als die Gelehrten. Sie sind Gottes Helfer in der neuen Zeit, die jetzt kommt."

Das hören die Bauern gern. Schon lange sind sie unzufrieden. Jetzt wollen sie sich wehren. Mit Gewalt.

Die Fürsten sind ratlos. Auf wen sollen sie hören? Was geschieht, wenn sich die Bauern auflehnen? Gibt es jetzt Krieg?

Fürst Friedrich hat Boten auf die Wartburg geschickt. Sie sollen bei Martin Luther Rat holen. Martin Luther will selber nach Wittenberg kommen. Er will mit den Leuten sprechen und sie beruhigen.

Auf dem Weg nach Wittenberg schreibt Luther dem Fürsten einen Brief:

„Sorgt Euch nicht um mich. Ihr könnt mich nicht mehr schützen. Mich schützt einer, der ist mächtiger als alle Fürsten und Kaiser zusammen. Mich schützt Gott selber. Ich bin ganz sicher."

Am Sonntag predigt Martin Luther in der Stadtkirche vor vielen Menschen. Er sagt: „Ich habe schon oft darüber gepredigt, daß der Glaube sich verändert. In der Kirche des Papstes werden falsche Dinge erzählt. Das soll jetzt anders werden. Wir brauchen uns vor Gott nicht mehr zu fürchten. Unser Glaube macht uns mächtiger als Könige und Fürsten. Wir sind frei, den Gottesdienst und das Leben in der Kirche so zu feiern, wie es in der Bibel steht. Wir können die alte Form der Messe ändern. Aber manche von uns sind noch schwach. Sie haben ein schlechtes Gewissen. Sie denken: Vielleicht straft uns Gott, wenn wir anders glauben als bisher. Diese Menschen ertragen noch nicht, daß in der Kirche alles anders wird. Für sie ist es noch zu früh. Niemand darf mit Gewalt zum neuen Leben in der Kirche gezwungen werden. Wir wollen predigen und über das sprechen, was in der Bibel steht. Das wird das Leben ändern. Die Gewalt ändert nichts."

Martin Luther predigt eine ganze Woche lang jeden Tag. Er beruhigt die Leute. Er spricht mit Karlstadt. In Wittenberg wird es wieder ruhig.

Der neue Glaube breitet sich aus

Plötzlich ist das Interesse am neuen Glauben groß. Viele Fürsten wollen, daß in ihren Ländern so gepredigt wird wie in Wittenberg. Sie fragen Martin Luther um Rat. Sie unterstützen ihn trotz des Verbots des Kaisers vom Reichstag in Worms. Sie gründen in ihren Ländern neue Schulen. Von überall her kommen jetzt Studenten an die Universität von Wittenberg. Sie wollen vom neuen Glauben hören. So breitet sich der Glaube aus. In einigen Gegenden sagen Priester ähnliche Dinge wie Martin Luther. In Zürich führt Ulrich Zwingli zusammen mit den Ratsleuten in der ganzen Stadt den neuen Glauben ein.

Die Anhänger des Papstes greifen zu grausamen Strafen. In Belgien verbrennen sie zwei Mönche, Anhänger der neuen Lehre Martin Luthers. Martin Luther erschrickt. Er hat Angst. Aber er gibt die Hoffnung nicht auf. Er schreibt ein Lied. So endet es:

„Der Sommer ist hart vor der Tür,
der Winter ist vergangen,
die zarten Blumen gehn herfür.
Der das hat angefangen,
der wird es wohl vollenden."

Martin Luther will damit sagen: Gott hat mir geholfen, mein Werk anzufangen. Er wird mir auch helfen, es zu einem guten Ende zu bringen.

Jetzt ist es Zeit, um den Gottesdienst zu ändern. Es soll ein Gottesdienst mit viel Musik werden. Der Glaube prägt sich besser ein, wenn man von ihm singen kann. Musik hilft gegen die Angst. Martin Luther und seine Freunde schreiben selber neue Lieder. Ein ganzes Liederbuch für den Gottesdienst entsteht. Luther schreibt eine neue Ordnung für den Gottesdienst. Es wird jetzt viel mehr aus der Bibel vorgelesen. Die Bibel wird erklärt. Sie steht im Mittelpunkt des Gottesdienstes.

Da beginnen die Unruhen von neuem. Die Bauern stellen neue Forderungen. Sie wollen etwas von der Freiheit spüren, von der Luther predigt. Jetzt und hier, in diesem Leben. Sie greifen zu Gewalt. An vielen Orten kommt es zu Aufständen. Martin Luther reist im ganzen Land herum. Er spricht mit den Bauern. Er versucht ihnen zu erklären, wie er das mit der Freiheit gemeint hat. Aber niemand hört auf ihn. Es ist eine harte Zeit für die Bauern. Manche Fürsten betrügen sie. Sie verlangen immer neue Abgaben*: Getreide, Fleisch und Geld. Viele Bauern können nicht mehr alles bezahlen. Sie müssen ihren Hof verkaufen und wegziehen.

Das soll anders werden. Die Bauern sagen: „Warum sollen die Fürsten mehr Rechte haben als wir? Unser Recht ist die Bibel. Es heißt, daß wir frei sind. Darauf berufen wir uns. Wir zahlen nichts mehr."

Manche Theologen unterstützen die Bauern. Einer von ihnen ist Thomas Müntzer. Er sagt: „Hört nicht auf Luther! Er macht sich seine Sache zu einfach. Er ist feige und betrügt euch. Er ist ein Diener der Fürsten. Predigen hilft nichts. Wir müssen die Welt mit Gewalt ändern. Wir führen das neue Reich ein, von dem die Bibel erzählt. Jeder besitzt gleich viel. Das ist Gerechtigkeit. Für sie müßt ihr kämpfen." Viele schließen sich ihm an. Jetzt gibt es Krieg.

Der Bauernkrieg

Die Bauern schließen sich zu geheimen Bünden zusammen. Ihr Wahrzeichen ist der Bundschuh. Sie malen ihn auf ihre Fahnen. Sie tragen ihn an einer Stange mit sich.

Die Bauern bilden ganze Horden. Sie plündern Burgen und Schlösser, sie überfallen Klöster und rauben die Kirchen aus.

Da greifen auch die Fürsten zur Gewalt. Sie stellen eigene Truppen auf.

Jetzt braucht man Soldaten. Einer von ihnen ist Franz. Er ist froh, von der Wartburg wegzukommen. Aber bald kommt die große Enttäuschung: dies ist kein Krieg, wie Franz ihn von früher kennt.

„Wir kämpfen nicht gegen ein richtiges Heer", schreibt Franz seinem Freund. „Die Bauern haben nicht einmal richtige Waffen. Sie wehren sich mit ihren Werkzeugen. Sie schwingen Harken, Heugabeln und Dreschflegel. Sie brüllen wie wilde Tiere und stürzen sich auf uns. Keiner führt sie an. Sie kämpfen in ungeordneten Haufen.

Wir sind in der Überzahl. Wir gehorchen dem Befehl unseres Hauptmanns. Wir haben gute Waffen. Wir sind geübte Schützen und zielen nie daneben. Uns entgeht niemand.

Das wissen die Bauern. Kaum fangen wir an zu schießen, packt sie die Angst. Sie lassen ihre Waffen fallen und ergrei-

fen die Flucht. Sie laufen weg, so schnell sie können. Wir hinterher. Wir sind schneller. Wir fangen die Leute.

Heute haben wir so einen Mann gefangen. Er bat und bettelte: ‚Laßt mich laufen! Ich habe Frau und Kinder. Niemand wird für sie sorgen, wenn ich tot bin. Laßt mich leben! Oder hört mir wenigstens zu. Ich will euch erzählen, warum ich gegen die Fürsten kämpfe. Ich habe einen kleinen Bauernhof gepachtet. Er gehört nicht mir; er gehört dem Fürsten. Ich mußte dem Fürsten jeden Herbst Getreide und andere Abgaben bringen, damit ich weiter auf dem Hof arbeiten konnte. Schon war das Getreide auf den Feldern reif. Ich wollte es in den nächsten Tagen ernten. Es war schönes Getreide: goldgelb, mit schweren Ähren. Da kam der Sohn des Fürsten mit seinen Freunden. Sie ritten auf die Jagd. Sie kamen mit ihren Pferden und Hunden. Sie ritten mitten durch das reife Korn. Die Halme waren geknickt. Die Ähren lagen zerdrückt am Boden. Am nächsten Tag kamen die Leute wieder. So trieben sie es, bis unsere Ernte völlig zerstört war. Unsere ganze Arbeit war vergeblich. Wir konnten die Abgaben nicht bezahlen. Wir hatten selber nichts zu essen. Es war schrecklich. Es war ungerecht. Da schloß ich mich dem Bundschuh an. Ich wollte mich wehren.‘

Das war die Geschichte des gefangenen Mannes. Wir mußten ihn töten. Er hat sich gegen die Fürsten aufgelehnt. Er muß bestraft werden. Aber ich habe genug. Ich mag nicht mehr. Dieses Gemetzel ist mir zuwider. Manchmal verstehe ich die Bauern. Kämpfen sie nicht für eine gute Sache? Hat Martin Luther nicht selber von der neuen Freiheit gepredigt? Ich begreife ihn nicht. Er predigt und läßt die Bauern im Stich. Luther ist ein Heuchler. Er hat die Bauern verraten.“

Die zwei Reiche

Erschöpft sitzt Martin Luther an seinem Pult. Er möchte schreiben, aber es geht nicht mehr. Vor seinen Augen tanzen die Buchstaben. Er sieht fast nichts mehr. Er ist sehr müde.

Noch immer ist Krieg. Er wird immer härter und grausamer.

Fürst Friedrich ist gestorben, bevor der Krieg richtig begonnen hat. Sein Bruder Johann regiert an seiner Stelle. Er ist ratlos. Er sagt zu Luther: „Vielleicht haben die Bauern recht. Vielleicht muß sich alles ändern. Bisher war ich ein reicher Fürst. Aber wenn Gott es anders haben will, dann will ich es ändern."

Luther sagt: „Der Weg der Bauern ist falsch. Sie wenden Gewalt an. Das ist gegen den Glauben. Sie vermischen die beiden Reiche, das Reich dieser Welt und das Reich Jesu. In dieser Welt ist eine feste Ordnung nötig. Es muß beides geben, Bauern und Fürsten."

Aber Luther warnt auch die Fürsten. „Bisher habt ihr die Bauern wie Tiere behandelt. So geht es nicht mehr. Ihr müßt für sie sorgen. Das ist eure Aufgabe als Fürsten. Ihr dürft die Bauern nicht betrügen."

Den Bauern sagt er: „Holt euch euer Recht nicht mit Gewalt!" Er schreibt Briefe. Er schreibt Bücher zum Bauernkrieg. Er schreibt:

„Verwechselt nicht die beiden Reiche. Jetzt leben wir im ersten Reich. Es ist ein hartes Reich. Ein Reich, in dem Gewalt, Not und Leid herrschen. Dieses Reich ist die Welt. Wir müssen darin leben. Das andere Reich ist das Reich Jesu. Es ist ein verborgenes Reich. Jeder Mensch kann es in sich tragen. Schon jetzt, im Reich der Welt. *Das* ist die Freiheit.

Das neue Reich kann man nicht erzwingen. Es ist kein Reich der Gewalt. Geht nicht mit Gewalt gegen das erste Reich vor. Verwechselt die beiden Reiche nicht."

Viele Bauern sind enttäuscht. Sie sagen: „Ist das alles, was der neue Glaube zu unserer Not zu sagen hat? Das ist uns zu wenig. Das hilft uns nicht. Wir leiden Hunger, wir leiden Not. Gott ist weit weg. Weiß er etwas von unserer Not? Wir spüren nichts. Wir müssen uns selber helfen."

Thomas Müntzer triumphiert. Er sagt: „Luther ist ein Heuchler. Er steht auf der Seite der Fürsten. Er tut nichts gegen eure Not."

Die Bauern kämpfen weiter. Aber die Heere der Fürsten sind besser ausgerüstet. Der Krieg geht zu Ende. Die Bauern sind verloren. Thomas Müntzer wird gefangengenommen und getötet. Die Not der Bauern ist ärger als zuvor. Die Enttäuschung ist groß. Auch Martin Luther ist enttäuscht. Später sagt er: „*Ich* bin schuld am Bauernkrieg. Die Bauern haben sich auf meine Bücher berufen. Sie haben das mit der Freiheit falsch verstanden. Ich habe den Fürsten geraten, sich gegen die Bauern zu wehren. Ich bin schuld. Aber ich konnte nicht anders handeln. Diese Welt braucht eine feste Ordnung. Die Bauern können nicht selber regieren.

Es muß beides geben, Bauern und Fürsten. Das Reich Jesu ist noch nicht da."

Martin Luther heiratet

In Wittenberg ist Markttag. Ein Stand reiht sich an den andern. Eine dicke Frau zwängt sich durch die Leute. Aufgeregt schiebt sie die Leute zur Seite: „Ich habe es eilig. Laßt mich durch."

Endlich steht sie vor dem Stand des Metzgers. Aufatmend wischt sie sich den Schweiß von der Stirn. „Ist das eine Hitze", sagt sie zu ihrer Freundin. „Und dazu noch das Gedränge hier auf dem Marktplatz. Man kommt kaum noch durch. — Metzger, ich brauche einen großen, saftigen Braten."

Die Freundin staunt: „Du kaufst einen Braten? Gibt es ein Festessen? Ist Besuch da?"

Die dicke Frau sieht sich um. „Komm näher", sagt sie dann leise zu ihrer Freundin. „Ja, ganz nahe. Ich erzähle dir ein Geheimnis. Noch niemand weiß es: Martin Luther heiratet!"

„Das ist nicht wahr. Jetzt lügst du. Luther ist doch schon viel zu alt. Er war Mönch. Das kann nicht wahr sein."

„Es ist wahr! Martin Luther heiratet eine Nonne*. Erinnerst du dich noch? Vor zwei Jahren sind einige Nonnen aus dem Kloster geflohen. Martin Luther hat sie unterstützt. Jetzt nimmt er eine von ihnen zur Frau. Sie heißt Katharina von Bora."

Die Freundin sagt: „Ich kann es fast nicht glauben. Noch ist der Krieg kaum zu Ende. Überall ist Not. Und JETZT will Luther heiraten. Ich verstehe das nicht."

Die Uhr schlägt zwölf. Die dicke Frau zuckt zusammen. „Ist es wirklich schon so spät? Ich habe mich aufgehalten. Ich müßte längst weg sein." Sie nimmt ihren Braten und verschwindet. Ihre Freundin bleibt stehen und sieht ihr nach. Sie staunt noch immer über die Nachricht.

Martin Luther heiratet. Es ist wirklich wahr. Er achtet nicht darauf, was die Leute dazu sagen. Er weiß es schon lange: in der Bibel steht nichts von den Mönchen. Niemand muß Mönch werden, damit Gott ihn liebt. Martin Luther hat es selber erfahren.

Viele von seinen Freunden sind schon aus dem Kloster ausgetreten. Viele haben geheiratet. Jetzt will es auch Martin Luther tun.

Am 13. Juni 1525 werden Katharina von Bora und Martin Luther von Bugenhagen, dem Stadtpfarrer, getraut. Sie wohnen im Schwarzen Kloster. Der Fürst hat es Luther geschenkt.

Im Schwarzen Kloster findet ein großes Fest statt. Auch Martin Luthers Eltern sind gekommen. Sie freuen sich über die Hochzeit.

Viele andere verachten Luther jetzt. Sie sagen: „Er hält sich nicht an sein Versprechen, das er als Mönch gegeben hat. Er heiratet mitten im Krieg. Viele Menschen leiden, und Luther feiert. Wir glauben ihm nicht mehr."

Martin Luther weiß davon. Aber seine Person ist nicht wichtig. Wichtig ist, daß sich der neue Glaube ausbreitet. Wichtig ist, daß die Leute sehen: man muß nicht Mönch sein und gute Werke tun, um Gottes Gnade zu erwerben.

Katharina und Martin Luther sind nicht reich. Dennoch wohnen im Schwarzen Kloster immer viele Gäste: Studenten, Gelehrte und Freunde. Auch die Familie wächst. Martin und Katharina bekommen sechs Kinder: Johannes, Elisabeth, Magdalena, Martin, Paul und Margarethe.

Gefährliche Gegner

In der großen Stube des Schwarzen Klosters steht das Fenster weit auf. Draußen geht die Sonne unter. Katharina Luther sitzt am Tisch und beugt sich über ihre Arbeit. Sie stickt an einem Bild.

Plötzlich hört sie Schritte. Die Tür geht auf. Rasch versteckt Katharina ihre Arbeit. „Martin, bist du zurück? Du siehst müde aus. Setz dich zu mir. Ich mache mir Sorgen um dich. Du warst lange krank. Du solltest dich schonen."

Luther sagt: „Ich bin oft müde. Aber schonen kann ich mich nicht. Es gibt jetzt neue Schwierigkeiten. Zuerst haben wir nur gegen den Papst und seine Kirche gekämpft. Aber jetzt tauchen neue Gegner auf. Da ist Erasmus. Er ist ein großer Gelehrter. Ich lese gerne in seinem griechischen Neuen Testament. Erasmus ist klug und sieht die Fehler der Kirche. Er spottet darüber. Aber er will sich nicht entscheiden. Er will einen Teil vom alten Glauben neben den neuen stellen. Er will Frieden um jeden Preis. Aber das ist falsch. So setzt sich die Wahrheit nicht durch. Wir müssen für den neuen Glauben kämpfen. Mit Worten, nicht mit Gewalt. Aber Erasmus will das nicht. Er sagt: Der Mensch kann selber entscheiden, ob er an Gott glauben und ihm vertrauen will. Der Glaube ist nicht allein ein Geschenk Jesu.

Ich finde: das sind gefährliche Gedanken. Sie klingen wie die Lehre der päpstlichen Kirche. Erasmus ist ein Gegner des neuen Glaubens.

Auch unter den Theologen sind wir uns nicht einig. Da ist Ulrich Zwingli in Zürich. Er kämpft gegen die Kirche des Papstes. Wir verstehen uns in vielen Dingen. Nur eines verstehe ich nicht. Zwingli sagt: „Das Brot und der Wein im Abendmahl sind nicht selber Fleisch und Blut Jesu. Es sind nur Zeichen dafür." So ist es falsch. Jesus ist wirklich im Brot und im Wein. Er ist überall. Wir können es nicht begreifen. Es bleibt ein Geheimnis."

Katharina denkt: ‚Manchmal verstehe ich die Theologen nicht. Ist der Glaube wirklich so schwierig? Ist es nötig, daß man sich viele Jahre darüber streitet?' Aber sie schweigt.

Rasch holt sie ihre Arbeit wieder hervor und legt sie auf den Tisch. „Martin, ich will dir etwas zeigen. Es ist ein Geschenk für dich. Ich sticke dein Wappen. Es ist ein Bild für das, was du den Menschen vom Glauben erzählst.

In der Mitte steht ein Kreuz. Es ist das Kreuz von Jesus, an dem er gelitten hat. Das Kreuz auf dem Bild soll auch für alle Dinge stehen, die wir nicht verstehen und über die wir traurig sind.

Aber das Kreuz steht auf einer weißen Rose: es ist die Freiheit und die Freude über den neuen Glauben. Das blaue Feld und den goldenen Ring habe ich für das Reich Jesu gestickt. Man kann es noch nicht sehen, man kann sich aber darauf freuen. Das macht Mut."

„Katharina, ich danke dir für das Bild. Wie schön du es gestickt hast. Ich danke dir!"

Neue Schulen

Jetzt wird die Kirche neu geordnet. Die Menschen sollen mehr vom Glauben wissen. Die Fürsten helfen mit. Fürst Johann befiehlt, daß seine Mitarbeiter im ganzen Land die Kirchen und Schulen besuchen. Sie sollen prüfen, was die Pfarrer und Schulmeister wissen. Sie sollen prüfen, was die Kinder in den Schulen lernen und was den Menschen in der Kirche vom Glauben erzählt wird.

Es ist erschreckend: viele wissen fast nichts. Sie kennen nicht einmal das Unser Vater.

Martin Luther schreibt eine kurze Einführung zum Glauben. Er schreibt über das Glaubensbekenntnis, die zehn Gebote und das Unser Vater. Er erklärt, wie man das verstehen soll. Seine Erklärungen läßt er auf große Papierbogen drucken. Das ist weniger teuer als ein Buch. So können sich viele Leute Luthers Erklärungen kaufen. Später gibt es sie auch als Buch. Man nennt es Katechismus*.

Zusammen mit den Fürsten gründet Luther in kleineren Städten und Dörfern neue Schulen. Er mahnt die Leute: „Schickt eure Kinder zur Schule. Sie sollen lesen und schreiben lernen. Wer frei sein will, muß etwas lernen. Die Fürsten können das Land nicht alleine verwalten. Sie brauchen tüchtige Rechtsgelehrte, Theologen, Ärzte und Schreiber. Wer

von den Kindern dazu fähig ist, soll später für diese Berufe auf der Universität ausgebildet werden. Schulen sind nötig."

Nach dem Gottesdienst unterrichten die Pfarrer die Erwachsenen über die wichtigsten Dinge des Glaubens. Zu Hause lernen Erwachsene und Kinder gemeinsam, was im Katechismus Martin Luthers steht.

Auch in der Familie von Hans und Elisabeth wird es so gehalten. Die Familie wohnt auf einem Bauernhof in der Nähe von Wittenberg. Einmal in der Woche versammeln sich am Abend alle in der Küche. Auch der Knecht und die Magd sind dabei. Alle sollen den neuen Glauben lernen. Elisabeth hält den Papierbogen mit dem Katechismus. So kann Hans besser vorlesen, was darauf steht. In der Küche ist es ganz dunkel. Der Vater schiebt die Kerze näher zu Hans. Jetzt beginnt Hans zu lesen.

„Unser Vater im Himmel. Was bedeutet das?

Darunter steht die Antwort: Gott ist zu uns Menschen wie ein Vater. Wir können mit ihm reden. Wir können ihm alles sagen, was uns freut und was uns Angst macht. Wir können ihm vertrauen."

„Ist das wahr?" fragt Elisabeth. „Manchmal fürchte ich mich aber vor Gott. Er ist so weit weg und sieht doch alles."

„Du brauchst dich nicht vor ihm zu fürchten", sagt der Vater. „Er will dich nicht strafen. Er hat alle Menschen lieb."

Die endgültige Trennung

Der Kaiser kommt nach Deutschland

Seit neun Jahren ist der Kaiser nicht mehr in Deutschland gewesen. Er führt Krieg gegen den König von Frankreich, er führt Krieg gegen den König von England. Er kämpft gegen das mächtige Heer der Türken. Den Beschluß des Wormser Reichstages hat er nie durchführen können: Luther wird nicht verfolgt. Der neue Glaube verbreitet sich. Viele Städte und ganze Länder gehören jetzt zu den Anhängern des neuen Glaubens. 1526 hat der Reichstag in Speyer festgelegt, daß jeder Fürst den Glauben seines Landes selber bestimmen kann. Drei Jahre später, 1529, wird in Speyer ein weiterer Reichstag abgehalten. Die Anhänger des Papstes wollen, daß jetzt der Beschluß von Worms wieder gilt. Sie haben ein Bündnis geschlossen. In ihren Ländern verfolgen sie die Anhänger des neuen Glaubens.

Da wehren sich die Fürsten, die auf Luthers Seite stehen. Auf dem zweiten Reichstag in Speyer protestieren sie vor der ganzen Versammlung.

„Wir halten uns nicht an den Beschluß von Worms. Niemand kann uns zwingen, nach dem Glauben des Papstes zu leben. Jeder muß seinen Glauben wählen können. Es geht nicht, daß eine Mehrheit über den Glauben aller bestimmt. Wir wehren uns, auch wenn wir in der Minderzahl sind.“ Seither nennt man die Anhänger des neuen Glaubens auch Protestanten. Auch sie schließen jetzt ein Verteidigungsbündnis. Sie sind unsicher. Was wird der Kaiser tun? Zieht er gegen uns in den Krieg? Dürfen wir uns gegen den Kaiser wehren?

Im Schloß von Torgau tagen Fürst Johann und seine Räte. Sie beraten, wie sie sich gegen den Kaiser verhalten sollen.

Da reitet ein Bote in den Schloßhof. Die Wache führt ihn in den Schloßsaal. Der Bote sagt:

„Ich komme von Kaiser Karl V. Hier ist der Brief mit seinem Siegel. Der Kaiser lädt alle ein zu einem neuen Reichstag. Er soll in Augsburg stattfinden. Der Kaiser will ihn selber leiten. Er will noch einmal über den Glauben sprechen. Jede Partei soll der andern ihren Glauben erklären. So will es der Kaiser."

Der Fürst sagt: „Du kommst von weither und bist sicher müde und hungrig. Man soll dir zu essen geben. Dann kannst du dich ausruhen. Morgen gebe ich dir die Antwort an den Kaiser."

„Sollen wir diese Einladung annehmen?" fragt einer von den Männern. „Wird es nicht genauso wie in Speyer? Wir sind in der Minderheit. Der Kaiser will nicht über den neuen Glauben sprechen. Er will ein starkes und einiges Reich. Er braucht alle Fürsten, um gegen die Türken zu kämpfen. Das ist der Grund. Darum will er den Reichstag selber leiten. Wir sollten nicht nach Augsburg gehen. Es wird sich nichts ändern durch diesen Reichstag."

Aber die andern sind anderer Meinung. Sie beschließen, die Einladung des Kaisers anzunehmen. Die Glaubensfrage muß endlich gelöst werden. Sonst gibt es wieder Krieg. Krieg um den Glauben.

Der Reichstag von Augsburg

Der Reichstag hat begonnen. Fürst Johann ist mit 140 Männern nach Augsburg gekommen. Vier Theologen begleiten ihn. Der fünfte fehlt. Martin Luther ist auf der Coburg zurückgeblieben. Sein Freund Philipp Melanchthon ist jetzt verantwortlich für das, was die protestantischen Theologen auf dem Reichstag sagen. Melanchthon ist Theologieprofessor an der Universität in Wittenberg. Er schreibt Martin Luther aus Augsburg: „Wir sind gut hier angekommen. Natürlich ist die Stadt voll Menschen. Alle wollen bei den Verhandlungen dabei sein. Ich habe viel zu tun. Der Vertreter des Papstes, Johannes Eck, hat 404 Sätze verlesen. Darin steht, was an unserem Glauben angeblich alles falsch ist. Das lassen wir uns nicht gefallen! Darum habe ich mich daran gemacht, eine Antwort zu schreiben. Sie ist jetzt fertig. Ich schicke sie Dir mit diesem Brief zusammen. Bitte lies alles und schreibe mir, was Du davon hältst. Ich bin unsicher. Es sind alles schwierige Fragen. Ich möchte mich gerne mit den Anhängern des Papstes einigen. Vielleicht sollte ich noch einige Sätze ändern? Vielleicht steht in meinem Brief nicht genug vom alten Glauben?"

Martin Luther schreibt zurück: „Deine Antwort auf die Sätze von Eck gefällt mir. Ändere nichts mehr daran. Verliere nicht den Mut. Denk an das, was in der Bibel steht."

Luther schreibt ein kleines Büchlein für die Theologen auf dem Reichstag. Er erinnert sie daran, wie alles angefangen hat. Mit dem Kampf gegen den Ablaß. Mit der Neuentdeckung der Bibel. Was dort steht, zählt mehr als das Recht der Kirche. Das soll auch in Augsburg gelten.

Philipp Melanchthon schreibt: „Endlich geht es voran. Wir haben unser Bekenntnis vorlesen können. Der Reichstag hat sich im Palast versammelt, wo der Kaiser wohnt. Der Saal war viel zu klein. So viele Menschen wollten zuhören. Man mußte alle Fenster öffnen, weil es im Saal so heiß war. Draußen im Hof standen alle, die im Saal keinen Platz mehr gefunden hatten. Sie alle haben unser Bekenntnis gehört."

Martin Luther freut sich. Das Glaubensbekenntnis der Protestanten ist öffentlich verlesen worden, vor dem Reichstag und vor dem Kaiser. Das ist ein großer Erfolg. Das hat es noch nie gegeben.

Aber die Freude ist kurz. Auch die Anhänger des Papstes schreiben ein Bekenntnis. Der Kaiser entscheidet: „Dieses Bekenntnis soll gelten. Ich bleibe beim alten Glauben. Ich dulde in meinem Reich keinen andern Glauben. Das Reich muß stark sein und einig. Ich allein bestimme über den Glauben des Reiches."

Ein Jahr später, 1531, schließen die protestantischen Fürsten ein neues Bündnis zur Verteidigung des Glaubens. Sie wollen sich gegen den Kaiser wehren. Sie sagen: „Es geht um die Sicherheit aller Menschen in unseren Ländern. Wir müssen die Leute schützen. Wir sind die Herren über das Land. Wir wollen auch den Glauben des Landes bestimmen können. Der Glaube ist nicht nur die Sache der Theologen."

Das Gespräch mit Vergerio

Die Trennung ist jetzt endgültig. Martin Luther und seine Freunde gehören nicht mehr zur Kirche des Papstes. Niemand glaubt mehr an eine Versöhnung. Trotzdem gehen die Gespräche weiter. Luther, Melanchthon und die andern protestantischen Theologen weisen immer wieder auf die Bibel hin, nur was darin steht, soll den Glauben der Kirche bestimmen. Aber alle Gespräche nützen nichts. Man kann einander nicht mehr verstehen.

Der Papst will eine große Kirchenversammlung einberufen, ein Konzil*. Die ganze Kirche soll sich versammeln. Der Streit um den Glauben soll endlich aufhören.

Aber die Protestanten wollen kein Konzil mehr. Es ist zu spät. Auch ein Konzil ändert nichts mehr.

Der Papst schickt trotzdem einen Gesandten nach Deutschland.

Vergerio, der Gesandte, kommt nach Wittenberg. Er kommt mit vielen Begleitern. 21 Pferde und ein Esel sind nötig, um das ganze Gepäck zu tragen. Vergerio und seine Begleiter wohnen im Schloß.

Martin Luther bereitet sich auf das Gespräch mit Vergerio vor. Es ist das erste Mal seit dem Gespräch mit Cajetan, daß er wieder einen Gesandten aus Rom sieht.

Aber jetzt ist alles anders. Martin Luther ist kein unbekannter Mönch mehr. Er zieht seine schönsten Kleider an und hängt sich eine goldene Kette um den Hals. Vergerio soll staunen!

Der Stadtpfarrer Bugenhagen begleitet Luther zu Vergerio auf das Schloß. Vergerio möchte von Martin Luther vieles wissen. Er gehört zu den Beratern des Papstes, die die Kirche erneuern wollen. Vergerio glaubt, daß ein Konzil nötig ist. Martin Luther spricht ganz offen. Er sagt: „Die Kirche des Papstes will ein Konzil veranstalten. So sagt ihr es. Ich glaube es nicht. Es wird kein richtiges Konzil werden. Die Protestanten dürfen nichts sagen auf diesem Konzil. Es wird so sein wie auf den Reichstagen bisher. Ihr werdet über unwichtige, nebensächliche Dinge sprechen. Der neue Glaube interessiert euch nicht. Er ist euch zu gefährlich." Vergerio sagt: „Ich gebe zu, daß sich in der Kirche manches ändern muß. Die Kirche in Rom hat viele Fehler gemacht. Darum ist das Konzil nötig. Wir können nicht aufhören, miteinander zu sprechen."

Martin Luther sagt: „Ich werde zu diesem Konzil kommen. Auch wenn ich nicht an den Erfolg glaube. Wir Protestanten brauchen jetzt kein Konzil mehr. Wir haben die Bibel. Darin steht die Wahrheit über den Glauben. Vielleicht hätte das Konzil früher stattfinden sollen. Jetzt nützt es nichts mehr."

Enttäuscht reist Vergerio wieder ab.

Von den Protestanten glaubt niemand mehr an ein neues Konzil. Trotzdem bereiten sie sich vor. Luther schreibt ein neues Bekenntnis. Melanchthon schreibt ein Buch über den Papst und seine Macht. 1537 kommen die protestantischen Fürsten noch einmal zusammen. Sie beschließen, nicht am Konzil teilzunehmen. Das Konzil kommt zu spät. Die Kirche des Papstes und die Protestanten können sich nicht mehr einigen.

Später versucht man noch oft, über den Glauben zu sprechen. Vertreter der Protestanten und der Kirche des Papstes treffen sich. Aber die Trennung bleibt. Erst 1545 findet das geplante Konzil endlich statt. Es ist das Konzil von Trient. Nur die Vertreter der päpstlichen Kirche nehmen daran teil.

Ein Student aus Ungarn

Melanchthon und Luther haben die Universität Wittenberg ganz neu geordnet. Um die Bibel zu verstehen, müssen andere Dinge gelernt werden als bisher. Am Anfang des Studiums stehen jetzt die alten Sprachen Griechisch und Latein. Die Universität Wittenberg ist weitumher bekannt. Aus allen Ländern kommen Studenten hierher. Auch aus Ungarn kommen sie. Einer von ihnen ist Jakobus Szegedinus. Die Reise nach Wittenberg dauert mehrere Wochen. Manchmal darf er auf ein Pferdefuhrwerk steigen und ein Stück mitfahren. Die meiste Zeit geht er zu Fuß. Endlich taucht in der Ferne Wittenberg auf. Jakobus geht immer schneller. Er ist aufgeregt und gespannt. So vieles hat er schon von dieser Stadt gehört. Wie ist sie wirklich? Wie sieht sie aus? Wo wird er wohnen?

Staunend geht Jakobus durch die Gassen. Bald findet er die Burse, in der er wohnen wird. Er hat Glück. Andere Studenten müssen Wittenberg wieder verlassen, weil sie keine Unterkunft finden. So groß ist der Zustrom.

Jakobus packt zuerst das wenige aus, was er mitgenommen hat. Er streicht sein schönes ungarisches Festgewand glatt.

Der Hunger treibt ihn aus seiner Stube. Im Eßsaal sitzen schon viele Studenten an den Tischen. Jakobus setzt sich zu ihnen.

„Du bist neu hier", sagt ein Student zu ihm. „Du möchtest bestimmt Martin Luther kennenlernen. Ich nehme dich morgen mit zu ihm. Er hat immer viele Gäste. Auf einen mehr oder weniger kommt es nicht an." Nach dem Essen zeigt ihm der Student die Stadt. Am Ende der Straße liegt die Stadtkirche. Der Student sagt: „Hier predigt Luther fast jeden Sonntag. Manchmal predigt er auch an gewöhnlichen Wochentagen. Die Kirche ist meistens voll. Luther hält gute Predigten. Ich höre ihm gerne zu." Hinter der nächsten Häuserreihe liegt das Rathaus. Es ist geschmückt mit schönen Erkern.

Die beiden Studenten gehen ins Rathaus hinein. Hier wird nicht nur die Stadt verwaltet. Hier sind große Säle, in denen Waren verkauft werden. An einer Wand hängt ein Bild von Lukas Cranach: es

zeigt die zehn Gebote. Der Student führt Jakobus weiter zum Schloß und zur Schloßkirche. Dann gehen sie durch die Pfaffenstraße zum Franziskanerkloster.

„Luther hat hier ein Spital für die Armen einrichten lassen", erzählt der Student. „Es wohnen jetzt keine Mönche mehr darin."

Am nächsten Tag zieht Jakobus sein Festgewand an. Er geht zusammen mit den andern Studenten zum Schwarzen Kloster. „Hier wohnt Luther mit seiner Familie. Sechs Kinder hat er. Gleich wirst du sie sehen. Erschrick nicht, sie sind ziemlich wild."

Jakobus staunt. Es ist fast wie in einem ungarischen Gutshof. Da werden Schweine geschlachtet, es wird Flachs gesponnen und im großen Kessel über dem Feuer kocht schon das Essen. Hinter dem Haus liegt ein großer Gemüsegarten. Auch Heilpflanzen zieht Katharina Luther. Sie kennt sich in der Heilkunst aus. Sie ist die Herrin des ganzen Betriebes. Jakobus wartet gespannt auf Martin Luther. Endlich kommt er aus seinem Arbeitszimmer. Er geht auf Jakobus zu: „Du kommst aus Ungarn, ich sehe es an deinem Kleid. Sei willkommen in Wittenberg." Jakobus darf sich neben Luther setzen. Fast kommt er nicht zum Essen.

Luther weiß viel zu erzählen. Er spricht mit Jakobus über Ungarn. Viele Gäste schreiben jedes Wort mit. Nach dem Essen sprechen alle ein Abendgebet. Die Gäste verabschieden sich. Martin Luther sagt zu Jakobus: „Komm wieder einmal hierher ins Schwarze Kloster. Ich habe gern viele Gäste an meinem Tisch."

Die letzten Jahre

Heute ist der große Saal, in dem Martin Luther die Studenten unterrichtet, ganz voll. Fast 400 Leute sind gekommen. Heute unterrichtet Luther zum letzten Mal. Er ist jetzt oft krank. Aber das hindert ihn nicht an seiner Arbeit: er unterrichtet die Studenten, er sitzt bei den Prüfungen dabei, er reist in andere Städte und Dörfer. Er predigt und setzt Pfarrer in ihr Amt ein. Er schreibt neue Bücher. Ungerechte, harte Bücher gegen den Papst und gegen die Juden.

Martin Luther wird alt. Er will jetzt eine seiner Aufgaben abgeben.

Martin Luther tritt an sein Pult. Er beginnt: „Heute halte ich hier meine letzte Stunde. Wir haben jetzt viele Stunden über den Anfang der Bibel gesprochen. Ich habe es gerne getan. Aber jetzt bin ich zu alt dazu. Ich bin müde und kann nicht mehr."

Eine Weile bleibt es still. Dann meldet sich ein Student: „Ihr habt mit Euren Freunden die Bibel ins Deutsche übersetzt. Könnt Ihr uns etwas davon erzählen?"

„Das will ich gerne tun", sagt Martin Luther. „Bisher haben die meisten Leute die Bibel nicht lesen können. Es gab fast nur lateinische Bibeln. Nur die Gelehrten konnten in der Bibel lesen. Seit vielen Jahren übersetze ich jetzt mit meinen Freunden zusammen die Bibel. Es ist eine schwierige Aufgabe. Wir möchten die Bibel so übersetzen, daß jeder sie versteht. Um dies zu erreichen, genügt es nicht, die griechischen und lateinischen Wörterbücher zu benutzen. Sie geben nur die Bedeutung wieder, die ein Wort in ihrer Sprache hatte. Beim Übersetzen muß man wissen, wie die Menschen heute sprechen. Oft gehe ich über den Markt und höre zu, wie die Menschen sprechen. Manchmal suchen meine Freunde und ich tagelang nach einem einzigen Wort.

Aber die Worte allein reichen noch nicht. Viele Leute denken, daß man die Bibel Wort für Wort übersetzt und jedes Wort genauso hinstellt, wie es in der alten Sprache gestanden hat. Aber so geht es nicht. Wir sind anders als die Menschen, die die Bibel geschrieben haben. Wir leben anders und wir denken anders. Darum muß die Bibel ganz neu übersetzt werden. Man braucht andere Sätze, als sie im griechischen

Text stehen. Das heißt nicht, daß der Text verdreht wird. Er wird neu geschrieben für eine neue Zeit. Die Bibel muß immer neu übersetzt werden, damit sie zu jeder Zeit sprechen kann."

Ein paar Monate später kommt ein Bote aus Eisleben ins Schwarze Kloster. Die Grafen von Mansfeld streiten sich um ein Erbe. Martin Luther soll nach Eisleben kommen, um ihren Streit zu schlichten. Es ist mitten im Winter, die Wege sind zugefroren. Das Reisen ist mühsam. Luther geht trotzdem nach Eisleben. Es gelingt ihm zu vermitteln. Die Grafen legen ihren Streit bei. Luther setzt in Eisleben noch Pfarrer ein und predigt in der Kirche. Dann wird er krank. In der Nacht zum 18. Februar 1546 stirbt er in Eisleben. Man bringt ihn zurück nach Wittenberg. Hier wird er in der Schloßkirche begraben. Melanchthon schreibt: „Obwohl er tot ist, lebt er."

Der Kaiser kommt nach Wittenberg

Die Straßen von Wittenberg sind heute leer. Die Stadt ist wie ausgestorben. Niemand wagt, sich zu zeigen. Es ist Krieg.

Der Kaiser hat die protestantischen Fürsten im April 1547 besiegt.

Martin Luther ist seit mehr als einem Jahr tot. Er kann den Wittenbergern keinen Rat mehr geben. Der Fürst ist gefangen. Die Stadt bereitet sich auf eine lange Belagerung vor.

Rings um die Stadt entsteht ein hoher Wall. Die Leute bauen Mühlen und Getreidespeicher mitten in der Stadt. Sie nehmen die Turmspitzen vom Schloßturm und von der Stadtkirche herunter und stellen Geschütze auf die Türme. Aber alles ist vergebens. Bevor der Kaiser nach Wittenberg kommt, ergibt sich die Stadt kampflos. Karl V. verspricht, daß sein Heer die Stadt nicht betreten soll. Nichts soll geraubt werden, nichts verbrannt. Durch die leeren Straßen reiten zwei Männer. Es sind Kaiser Karl V. und der Herzog von Alba. Sie suchen die Schloßkirche.

Der Kaiser will das Grab von Martin Luther sehen. Vor der Kirche steigen die Männer vom Pferd. Die Kirche ist halb leer. Cranach hat die kostbarsten Bilder in Sicherheit gebracht. Er hat Angst, daß der Kaiser sein Versprechen nicht hält.

Die Schritte der beiden Männer hallen laut in der leeren Kirche. Hinten im Chor liegen die Grabsteine der Professoren von Wittenberg. Dort ist auch Martin Luthers Grabstein.

„Hier liegt er, unser Feind", sagt der Herzog von Alba. „Wollt Ihr ihn nicht ausgraben lassen und seinen Leichnam verbrennen? Er hat uns und der Kirche viel geschadet. Er hat den Glauben der Papstkirche verachtet, er war ein Gebannter."

Der Kaiser schüttelt den Kopf: „Nein", sagt er. „Ich kämpfe nicht gegen Tote. Ich hätte vorher handeln müssen. In Worms, auf dem Reichstag. Damals hätte ich ihn verbrennen sollen. Jetzt ist es zu spät. Aber wir haben ihn besiegt. Die Protestanten sind geschlagen."

Die beiden Männer beugen sich über den Grabstein. Der Kaiser sagt: „Luther ist in Eisleben gestorben. Er hat bis zuletzt für seinen Glauben gekämpft. Er hat sich keine Ruhe gegönnt. Nein, sein Grab zerstöre ich nicht."

Die beiden Männer gehen zurück zu ihren Pferden. Das kaiserliche Heer verläßt die Gegend.

Die Niederlage der Protestanten ist nicht endgültig. Herzog Moritz von Sachsen schließt mit anderen Fürsten ein Bündnis gegen den Kaiser. Es kommt nochmals zum Krieg. Diesmal wird der Kaiser besiegt. Er flieht über die Alpen und kommt nicht mehr nach Deutschland zurück.

Sein Bruder Ferdinand regiert für ihn. 1555 schließt er mit den Fürsten und den Vertretern der freien Städte in Augsburg einen Religionsfrieden. Der katholische und der protestantische Glaube haben dieselben Rechte. Der Landesherr bestimmt den Glauben seines Landes. Die Bewohner des Landes müssen sich danach richten. Wenn sie anders glauben möchten, können sie auswandern. Jetzt ist die Kirche endgültig gespalten.

So ging es weiter

Hier ist das Buch von Martin Luther zu Ende. Aber die Geschichte geht weiter. Nach seinem Tod haben viele Religionsgespräche stattgefunden. Seine Anhänger haben sich aufgespalten. Ein Teil der Protestanten hat sich nach Martin Luther „Evangelisch-Lutherische Kirche" genannt. Heute gehören auf der ganzen Welt etwa 70 Millionen Menschen zum lutherischen Teil der Kirche.

Bis heute ist die Kirche getrennt. Es gibt verschiedene Konfessionen (Richtungen) des christlichen Glaubens. Jede von ihnen beruft sich auf die Bibel. Heute versuchen die Konfessionen in der ökumenischen Bewegung einander näherzukommen.

Sie sprechen wieder gemeinsam über Fragen des Glaubens. Vieles ist noch offen.

Jede Konfession stellt ihre eigenen Fragen an den Glauben. Jede sieht den Glauben aus ihrer eigenen Sicht.

Jede Konfession kommt mit ihrer eigenen Geschichte zum ökumenischen Gespräch.

Martin Luther steht am Anfang der Geschichte der Evangelisch-Lutherischen Kirche. Er hat keine eigene Kirche gründen wollen. Er hat mit seinen Gedanken alle Konfessionen und Kirchen beeinflußt. Er hat über seine eigene Zeit hinausgewirkt.

Vieles hat sich geändert seit der Zeit Martin Luthers. Unsere Fragen an den Glauben sind anders als Martin Luthers Fragen. Auch unsere Antworten können nicht mehr dieselben sein. Trotzdem kann Martin Luther auch in unserer Zeit Hinweise geben, wie der Glaube heute verstanden und gelebt werden kann.

Ein Lied von Martin Luther „Ein feste Burg"

Ein feste Burg ist unser Gott,
ein gute Wehr und Waffen.
Er hilft uns frei aus aller Not,
die uns jetzt hat betroffen.
Der alt böse Feind,
mit Ernst ers jetzt meint;
groß Macht und viel List
sein grausam Rüstung ist,
auf Erd' ist nicht seinsgleichen.

Mit unsrer Macht ist nichts getan,
wird sind gar bald verloren;
es streit' für uns der rechte Mann,
den Gott hat selbst erkoren.
Fragst du, wer der ist?
Er heißt Jesus Christ,
der Herr Zebaoth,
und ist kein andrer Gott,
das Feld muß er behalten.

Und wenn die Welt voll Teufel wär
und wollt uns gar verschlingen,
so fürchten wir uns nicht so sehr,
es soll uns doch gelingen.
Der Fürst dieser Welt,
wie saur er sich stellt,
tut er uns doch nicht;
das macht, er ist gericht'.
Ein Wörtlein kann ihn fällen.

Das Wort sie sollen lassen stahn
und kein' Dank dazu haben;
er ist bei uns wohl auf dem Plan
mit seinem Geist und Gaben.
Nehmen sie den Leib,
Gut, Ehr, Kind und Weib,
laß fahren dahin,
Sie habens kein' Gewinn,
das Reich muß uns doch bleiben.

Geschrieben 1528, nach Psalm 46

Zeittafel

1483	10. November: Geburt Martin Luthers in Eisleben
1484	Familie Luther zieht nach Mansfeld
1488	Martins Schulbeginn in der Lateinschule zu Mansfeld
1497/98	Schulbesuch in Magdeburg und Eisenach
1501	Beginn des Studiums an der Universität Erfurt
1505	Magisterprüfung. Beginn des Studiums der Rechte. 2. Juli: Das Gewittererlebnis; Luther gelobt, Mönch zu werden. 17. Juli: Eintritt ins Kloster der Augustinermönche in Erfurt
1507	Weihe zum Priester. Am 2. Mai liest Martin Luther seine erste Messe
1508	Martin Luther zieht nach Wittenberg und unterrichtet an der Universität. Gleichzeitig studiert er Theologie
1510/11	Reise nach Rom
1511	Martin Luther zieht endgültig nach Wittenberg und übernimmt in den folgenden Jahren wichtige Ämter an der Universität und im Augustinerorden
1517	31. Oktober: Beginn des Ablaßstreits. Brief an den Erzbischof Albrecht von Mainz. 95 Sätze gegen den Ablaß
1518	Verhör durch den Kardinal Cajetan in Augsburg. Seither weitere Unterredungen und Streitgespräche mit Vertretern der päpstlichen Kirche
1520	M. Luther schreibt mehrere Bücher zum neuen Glauben und zu der Lage der Kirche. Die wichtigsten: „An den christlichen Adel deutscher Nation", „Von der babylonischen Gefangenschaft der Kirche", „Von der Freiheit eines Christenmenschen". — Am 10. Dezember Verbrennung von Büchern aus dem römischen Kirchenrecht und der Bannandrohungsbulle des Papstes
1521	Luther wird durch den Papst gebannt. Im April weigert sich Luther auf dem Reichstag in Worms, seine Schriften zu widerrufen. Wormser Edikt
1521/22	Zeit auf der Wartburg. Seit dem Herbst 1521 Unruhen in Wittenberg. Beginn der Übersetzung des Neuen Testaments
1522	Im März kehrt Luther nach Wittenberg zurück
1523	Verbrennung von zwei Mönchen in Brüssel (Belgien). Beginn von Kirchenlieddichtungen durch Martin Luther
1522/23	Ulrich Zwingli führt in Zürich den neuen Glauben ein
1524/25	Bauernkrieg. — Im Juni 1525 Heirat Martin Luthers mit Katharina von Bora
1526	Erster Reichstag in Speyer
1529	Zweiter Reichstag in Speyer. Protest der Anhänger Luthers gegen die Aufhebung der Beschlüsse von 1526. — Luther schreibt den Großen und den Kleinen Katechismus
1530	Reichstag in Augsburg. Verbot aller Neuerungen der Kirche
1531	Die protestantischen Fürsten gründen einen Bund zur Verteidigung des Glaubens
1535	Vergerio in Wittenberg
1545	Konzil in Trient. Es dauert bis 1563
1546	18. Februar: Martin Luther stirbt in Eisleben
1546/47	Krieg der protestantischen Fürsten gegen den Kaiser